新三板上市企业培训系列

新三板
财务总监

付冬梅◎著

NEW OTC MARKET
CHIEF FINANCIAL OFFICER

中国经济出版社
CHINA ECONOMIC PUBLISHING HOUSE
北 京

图书在版编目（CIP）数据

新三板财务总监/付冬梅著．—北京：中国经济出版社，2016.10
（新三板上市企业培训系列）
ISBN 978－7－5136－4337－5
Ⅰ.①新… Ⅱ.①付… Ⅲ.①中小企业—企业融资—财务管理—研究—中国
Ⅳ.①F279.243

中国版本图书馆 CIP 数据核字（2016）第 187956 号

责任编辑　牛慧珍
责任审读　贺　静
责任印制　马小宾
封面设计　任燕飞

出版发行　中国经济出版社
印 刷 者　北京科信印刷有限公司
经 销 者　各地新华书店
开　　本　710mm×1000mm　1/16
印　　张　15.75
字　　数　182 千字
版　　次　2016 年 10 月第 1 版
印　　次　2017 年 12 月第 3 次
定　　价　42.00 元
广告经营许可证　京西工商广字第 8179 号

中国经济出版社 **网址** www.economyph.com **社址** 北京市西城区百万庄北街 3 号 **邮编** 100037

PREFACE
前言

财务总监是企业高管和资本管家，优秀的财务总监已经成为越来越多的上市新三板企业的必备人员。新三板挂牌企业层出不穷，作为企业决策层人员之一、董事长的参谋长，财务总监该如何在企业上市新三板的过程中脱颖而出呢？

作为要进入资本市场的企业，无论是在新三板挂牌还是进行IPO上市，面临的首要问题就是财务规范。财务规范是贯穿企业挂牌和上市过程始终的一项最重要的工作，财务规范问题是企业挂牌受阻和上市发行审核被否的主要原因之一，而税务问题又是许多财经媒体及各方关注、质疑最多的问题。新三板挂牌和IPO上市过程中，公司的财务总监及相关财务人员作为主要的参与者和筹划者，是企业财务价值展现最重要的把关者，是决定企业挂牌、上市成败的关键人员。一个优秀的财务人员能够在企业挂牌和上市过程中节省大量时间，节约不必要成本，避免由于财务工作不扎实而出现麻烦。

后危机时代的财务总监，要承担相应的职责就必须拥有超强的学习能力。财务总监要在保障会计核算和财务收支日常管理等传统职责基础地位不变的前提下，发展和加重财务总监在战略层面的职责。这将是财务总监职责发展的未来趋势。因此，财务总监必须突破传统财务视野，从战略高度去审视财务与会计问题；领悟公司治理、资本运营等方面的知识及其运作手段；有效控制和防范企业风险；大量接触国内外前沿性的财务、金融管理知识和信息；为企业融资并购等重大决策做出前瞻性的评估。一名现代意义上的财务总监，需要伴随企业一起在资本市场上成长。

上市是一项复杂的系统工程，欲上市公司需要在各个方面满足上市的规范要求，而财务问题往往直接关系上市的功败垂成，财务总监责任重大。因此，本书从挂牌新三板企业财务总监职能简介入手，对财务总监首先需要明确的财务八大要点进行分析，指出新三板挂牌上市财务总监需关注的关键点，介绍财务尽职调查实务，解析新三板融资过程中的三大财务报表，给出新三板并购过程中的税务工作指引，最后对新三板挂牌涉及的主要财务问题进行总结并辅以案例说明。

本书对企业挂牌上市过程中应当注意的有关财务问题结合证监会审核关注点进行说明，并详细介绍操作实务。笔者期望通过这样的内容和方式，对后来者有所帮助。

CONTENTS

目录

中小微企业到新三板挂牌，财务总监的大部分工作量都集中在财务规范上。为了便于财务总监直观清晰地了解和把握其中的财务关键点，本章特以表格的形式来显示。

新三板公司的财务尽职调查是财务总监的一项重要工作，

直接影响公司挂牌上市的成败。因此，财务总监要充分发挥自身职能，敦促财务人员了解并掌握尽职调查的内容、方法和关注点。

企业在新三板市场融资有几种形式，不管采取哪种融资形式，对企业所发布的财务报表进行分析，都将成为人们决定是否参与企业新三板融资行为的重要参考。

新三板并购中的税务工作包括前期分析、中期执行、后期整合。在这个过程中，需要透彻理解并购政策，充分认识潜在风险，把握新三板并购重组过程中的税务筹划要点，做好并购前、并购中、并购后的税收筹划。

解决新三板挂牌过程所涉及的财务问题，将助力公司成功对接资本市场。对财务问题进行财务清障，使公司顺利挂牌上市，是财务总监的应尽责任。

第一章　新三板财务总监的工作概述

企业财务总监是现代企业中最重要、最有价值的顶尖管理职位之一。在企业上市新三板的过程中，财务总监在保障会计核算和财务收支日常管理等传统职位不变的前提下，会为企业对接资本市场这一重大决策做出前瞻性的评估。为此，挂牌新三板企业的财务总监需要有一定的专业素养，具备任职基本资格，熟知岗位高级职能，掌握必备的资本运作知识。只有这样，财务总监才能在企业挂牌新三板的过程中发挥出应有的作用。

企业财务总监（CFO）概述

财务总监，一般指首席财务官（Chief Finance Officer，CFO），是企业治理结构发展到一个新阶段的必然产物。可以说没有首席财务官的治理结构不是现代意义上完善的企业治理结构。作为企业财务方面的总负责人，财务总监既拥有对企业进行财务方面控制与监督的职能，也有协助企业管理者参与经营管理的职能，同时还兼有维护社会公众利益的职能。财务总监在企业中的地位十分特殊，需要同时向董事会与总经理报告工作，并接受双方的领导和来自社会的监督。财务总监职位的特殊性决定了企业财务总监是一个高起点、高要求和高标准的岗位。

对于企业财务总监这个特殊的岗位，我们从以下三个方面进行概述：企业财务总监的管理和监督职能；企业财务总监应具备的素养和专业技能；企业财务总监要学会转变角色。

企业财务总监的管理和监督职能

要充分发挥财务总监在企业经营中的作用，就必须明确财务总监的职能。财务总监在企业中的职能可以具体划分为两类，即管理职能和监督职能。

在管理职能方面，财务总监要结合本企业实际，制定必要的财务管理规章制度，并负责组织实施，保证公司的财务及经营活动依法进行；组织财务预算、决算的编制、利润分配或弥补亏损方案以及资金使用调度计划、费用开支计划、筹融资计划，并负责批准预算、决算、利润分配或弥补亏损方案和各项计划的执行；拟订所属企业的年度经济指标并负责下达后的考核；拟订所属企业的年度利润（或管理费）上缴指标并负责组织下达后的收缴工作；组织会计核算，审核会计报表、报告，确认其准确性，与公司总经理共同签字负责；对本公司财会机构设置和会计人员配备、所属子公司财务负责人的任免、奖惩提出意见；对本公司会计专业职务的设置和聘任提出方案；组织财会人员（包括派出人员）的业务培训和考核，支持财会人员依法行使职权。

在监督职能方面，财务总监对企业实施的监督应该是全面的，包括事前监督、事中监督和事后监督，如表1－1所示。

表1－1　企业财务总监的事前监督、事中监督和事后监督

事项	内容
事前监督	一是积极参与预算计划的编制工作，对总经理制订的预算计划进行审批，提出合理的建议，对于其中的重大投资、筹资计划进行科学合理的论证，协助总经理制定最佳的筹资、投资方案；二是建立健全企业的财务会计体系，制定完善的企业会计规则和制度，对财务会计人员进行必要的指导，提升会计人员的思想和业务水平；三是建立和完善费用和成本核算责任制，严格控制费用支出的审核批准制度，杜绝不合理费用的发生；四是积极开展资金使用定额制度，确立合理的指标定额，明确资金的使用范围、申请程序、审批制度以及资金的保管等工作。

续表

事项	内容
事中监督	事中监督是指对已制定的各项规章制度是否被有效执行进行监控，并对其中产生的差异及时分析原因并采取纠正措施。财务总监的监控涉及企业生产经营的全过程，要确保购销环节原始会计凭证完整、有效，合理确定材料的购进价格或商品的出售价格。对于特殊的业务事项，如果涉及重大的价格差异或者折让，应由财务总监审批。财务总监要及时审查企业的成本、费用开支是否按照规定执行，确保成本核算的准确性和费用支出的合理性。在资金使用方面，必须严格执行联签和审核备案制度，保证凭证完整、正确和审批手续的合法性。积极参与董事会的决策，对公司发行股票、债券等重大筹资方案进行科学分析；对于企业向银行贷款的计划，应审批项目的可行性以及由此带来的财务风险；严格审核对其他企业的贷款担保，避免企业因第三方原因陷入财务困境。
事后监督	事后监督是财务监控的最后一个环节，财务总监要仔细审阅企业的账簿和财务报告，对于其中的虚假信息、不实报告要坚决予以纠正，避免虚假会计信息误导报表使用者；严格按照事先制定的考核指标对相关人员进行考核，并采取相应的奖惩措施。对于实施过程中发现的指标与实际实施结果之间的差异，应认真分析原因，为下一期的标准制定提供必要的参考，并制定有效的纠正措施。

需要说明的是，财务总监对企业实施监督应该将重点放在事前监督和事中监督上，因为事前监督和事中监督这两方面是外部监督的盲区。来自企业外部的政府监督和社会监督缺乏对企业经营活动详细、全面和及时的了解，而是要通过企业会计核算的最终财务报告来了解企业的财务状况和经营成果、审查企业经营的合法性，不具备对企业进行事前监督与事中监督的条件。

企业财务总监应具备的素养和专业技能

企业财务总监是掌握企业的神经系统（财务信息）和血液系统

（现金资源）的灵魂人物。那么，企业所需要的这种灵魂人物应该具备哪些素质和专业技能呢？

企业财务总监应该具备三项基本素养，如表1－2所示。

表1－2　企业财务总监的基本素养

事项	内容
身体素质	一名合格的财务总监应具备一个健康的体魄。这是能够认真履行工作职能、发挥其作用的前提条件。
道德修养	财务总监良好的思想品德素质是其履行岗位职责的内在保证。首先要为人正直，作风正派。其次要具有敬业精神。敬业精神源自于良好的人生目标、人品和性格。财务总监应当热爱本职工作，把工作视为一种需要和自我价值的实现方式。最后要对企业忠诚。忠诚是财务总监的人格基础，财务总监应不折不扣地贯彻、执行上级命令，个人服从团队，树立企业利益至上的观念。
心理素质	财务总监应具有良好的心理素质，勇于承担责任，能够承受各种压力并妥善处理各种危机、冲突等。财务总监必须保持平常心态。平常心态是财务总监的职业胸襟。财务总监要严格遵守法律法规。

企业财务总监应该具备两项专业技能，如表1－3所示。

表1－3　企业财务总监的专业技能

事项	内容
专业的执业能力	一是分析判断能力。企业财务总监的一个重要职能就是控制风险，进行风险收益的权衡。财务总监要对风险具备敏锐的政治嗅觉和分析判断能力，将企业的风险控制在一定的范围中。二是沟通协调能力。财务总监的工作决定了他得与企业的每一个人打交道，而且要经常与企业外部的股东、债权人等利益相关者进行交流、沟通、协调，因此财务总监需要具备良好的人际沟通能力，协调好各利益集团间的利益关系。三是学习能力。财务总监具备学习和接受新事物的能力非常重要，只有树立终身学习的观念，不断地学习新知识，掌握新本领，增加自身的“含金量”，才能紧跟时代发展的步伐。

续表

事项	内容
掌握和运用专业知识	一是要具备微观与宏观经济学知识。这些知识给财务总监以正确的思维方法，把握国家政策，分析经济环境，使之能较好地把握经济形势对企业经营的影响。二是熟练掌握财务会计、财经法规等专业知识，这是财务总监开展工作的基础和技术平台；而《中华人民共和国公司法》（以下简称《公司法》）、“企业会计准则”等国家政策法规，则是企业财务总监开展工作的依据。三是熟练掌握金融、贸易、法律和管理学、社会学、心理学以及信息技术等方面的边缘知识，这是财务总监得心应手、尽情飞扬的翅膀。

企业财务总监要学会转变角色

在“现金为王”和金融经济繁荣的今天，财务工作的外延越来越广，而且对企业决策的重要性正逐步升级。现在的公司财务人员已不再是以前只记账的角色，它正渐渐从财务会计向管理会计转变、账房先生向决策参谋转变，后知后觉向先知先觉转变。

随着科技的发展，越来越多的会计软件出现，这样的软件直接输入数据就可以绘制出精确的财务报表，如资产负债表、损益表、收益表等。所以很多企业的财务会计都渐渐被财务电算化和外包化了。由此带来公司财务会计向管理会计的转变。财务会计在这种转变中不仅要从事以前的各项基础会计工作，而且要通过财务报表向总经理和董事长传递信息，并且参与公司管理。

在信息决策越来越重要的今天，财务总监不能只会做账，更要把企业的财务信息收集起来提供给上层决策者。现在公司做决策，不能靠“拍脑袋”，更多的是要靠数字，通过数字来进行科学分析。例如，一个企业马上要上项目，立项前要进行财务分析，分析此项目能不能赚钱、有多少回报率；能赚多少钱，即风险分析；回收期，什么时候开始赚钱；能赚多久的钱，即项目的周期，这个项目是短期的项目还是长期的项目。最重要的是，财务总监要通过简单的方式告诉老板公司的经营状况，哪里能赚钱，赚多少钱，而不是把一大堆的数字直接给老板什么都不管了。

财务总监以往都是后知后觉，但实际上财务总监应该是先知先觉的，财务总监在决策之初的资金信息处理和执行过程中的数据分析阶段都要扮演先知先觉的角色。公司财务总监先知先觉的角色为企业确定发展方向和预测未来有着很大的帮助，财务总监为公司决策层提供他们未感受到的企业发展机遇或危机。

经济的发展正召唤大批的财务总监登台亮相，财务总监是企业最急需的人才。有志于财务总监工作的人，应当抓紧学习，勇于实践，努力提高自身素质来适应这个飞速发展的社会。

新三板财务总监的任职资格

财务总监是大部分会计从业人员梦寐以求的职位，但并不是有丰富的工作经验就能胜任，而是有一定的要求。对于新三板财务总监的任职资格，证券公司有明确的规定。那么，财务总监的一般任职资格是什么呢？新三板企业作为上市公司，其财务总监的任职资格又是什么呢？

《会计法》中对企业财务总监任职资格的要求

根据《会计法》第三十八条规定："担任单位会计机构负责人（会计主管人员）的，除取得会计从业资格证书外，还应当具备会计师以上专业技术职务资格或者从事会计工作三年以上经历。会计人员从业资格管理办法由国务院财政部门规定。"

来看下面的案例：

某股份有限公司申请挂牌时，主办券商核查了公司财务总监刘强是否具备任职条件。通过对该公司《公开转让说明书》披露的刘强履历信息进行核查，发现刘强从事会计工作达到3年以上。同时，刘强持有注册会计师证书、（企业）会计师专业技术资格证书以及会计从业资格证书，但因工作变动原因，会计从业资格证书未及时年检。

根据中华人民共和国财政部第73号令《会计从业资格管理办法》第三十六条规定：“取得注册会计师证书，目前尚在从事会计工作的，经本人申请并提供单位证明等相关材料，会计从业资格管理机构核实无误后，发给会计从业资格证书。”鉴于刘强已取得注册会计师证书且从事会计工作，符合会计从业资质证书免试发放条件，并已向其所在市财政局申办新的会计从业资格证书，市财政局和省财政厅已审核通过，证书在发放过程中。

经以上核查，主办券商认为：公司财务负责人刘强工作经历符合法律、法规规定的财务负责人任职条件；同时，刘强持有注册会计师证书、（企业）会计师专业技术资格证书，具备担任财务负责人所需的专业能力，且“取得注册会计师证书，目前尚在从事会计工作的”的人员，符合会计从业资质证书免试发放条件，市财政局和省财政厅已审核通过，证书在发放过程中。因此，公司财务负责人刘强符合《会计法》第三十八条规定，具备任职条件。

（案例来源：根据“百度文库”2016年6月3日《新三板财务总监操作实务》改写）

证券公司对新三板上市公司财务总监任职资格的规定

对于新三板上市公司的财务总监任职资格，证券公司有明确规定，如表1-4所示。

表 1-4　证券公司对新三板上市公司财务总监任职资格的规定

事项	内容
任职资格条件	财务总监必须遵守国家法律、法规，正确贯彻执行国家的财政、财务、会计政策，具有较强的经营管理和财务会计管理方面的知识和丰富的实践经验。
职称、经历和培训	担任财务总监的人员还须符合下列条件：（一）应具备经济管理类中级以上职称。（二）具备除会计系列外其他经济管理类中级以上职称的人员，其累计财务、会计和审计专业工作经历一般不低于5年。（三）原则上应具有担任大中型企业财务（审计）部门或其他相同层次经济管理部门的负责人3年以上任职经历。（四）在规定的时间内参加并完成市财政局、市委组织部组织的财务总监业务培训和资质评价，并获得相应证书。（五）获得国际上专业权威机构资质认定证书的人员，可不受工作年限和职称的限制，但一般具备上述所规定的相应的部门负责人的任职经历。虽不具备上述条件，但是在经济管理方面确有显著业绩的人员，具备担任财务总监的知识和能力，可认定其任职资格。
不宜任职的行为	凡有下列情况之一，不具备财务总监任职资格：（一）因渎职造成国有资产流失的；（二）违反财经纪律、制度，有贪污受贿、弄虚作假等违法违纪行为的；（三）对企业因财务管理和经营管理不善、决策失误而造成较大损失负有个人或直接领导责任的；（四）有违反会计人员职业道德行为的；（五）市财政局、市委组织部认定的不宜担任财务总监的其他情形。

事实上，任何企业对于财务部门的高管——财务总监的要求都十分严格。因此，要做一名合格的财务总监，就要加强学习，并在实践中锻炼各方面的能力，以满足作为一名财务总监的要求。

新三板财务总监的岗位职责

在不同类型的公司中，财务总监的工作内容都有所不同，但其基本工作内容是相似的。新三板公司对财务总监的职责要求，每个公司也有一些差别，但有一些要求是具有普遍性的。

企业财务总监工作内容

下面是详细的财务总监工作内容，可供参考，如表1－5所示。

表1－5　企业财务总监工作内容

序号	内容
1	制定该公司的财务目标、政策及操作程序，并根据授权向总经理、董事会报告。
2	建立健全该公司财务系统的组织结构，设置岗位，明确职责，保障财务会计信息质量，降低经营管理成本，保证信息通畅，提高工作效率。
3	对该公司的经营目标进行财务描述，为经营管理决策提供依据，并定期审核和计量公司的经营风险，采用有效的措施予以防范。
4	建立健全该公司内部财务管理、审计制度并组织实施，主持公司财务战略的制定、财务管理及内部控制工作。

续表

序号	内容
5	协调该公司同银行、工商、税务、统计、审计等政府部门的关系，维护公司利益。
6	审核财务报表，提交财务分析和管理工作报告；参与投资项目的分析、论证和决策；跟踪分析各种财务指标，揭示潜在的经营问题并提供管理层决策参考。
7	确保该公司财务体系的高效运转；组织并具体推动公司年度经营/预算计划程序，包括对资本的需求规划及正常运作。
8	根据该公司实际经营状况，制定有效的融资策略及计划，利用各种财务手段，确保公司最优资本结构。
9	完成董事会、总经理交办的其他临时工作。

案例展示新三板公司财务总监岗位职责

对于新三板公司财务总监的岗位职责，北京某新三板公司的要求具有普遍意义，值得借鉴。该公司于 2015 年 7 月 8 日发布财务总监招聘信息时，其职位描述如表 1－6 所示。

表 1－6 北京某新三板公司发布财务总监招聘信息的职位描述

事项	内容
主要职责	1. 参与制定公司中长期发展战略；按照董事会通过的公司中长期发展战略，参与制定公司财务战略方案并组织实施。 2. 参与统筹公司财务管理、信息披露、内控体系建设等各方面工作的推进，向审核委员会汇报。 3. 参与公司投融资、重大经济合同、贷款担保、大额资金使用、产权变动等重大事项的决策和实施，参与对重大投资项目和经营活动的风险评估，指导跟踪和财务风险的控制。 4. 协调好投资者、董事会、证券所、媒体等各方关系；负责与中

续表

事项	内容
	介机构的日常交流，维护公司的市场形象。 5. 研究及评估会计准则对公司财务的影响，制定合适的会计政策。 6. 对比检查公司的管理及运作，向董事会及管理层提供意见。
任职要求和条件	1. 名校财务、金融、税务、会计等专业硕士以上学历；具有较全面的财会专业理论知识、现代企业管理知识。 2. 大型企业5年及以上公司财务管理工作经验。 3. 具有注册会计师或高级会计师职称资格。 4. 熟悉国内财经法规以及国内金融市场运行规则；熟悉国内财务发展及资本运作动向。 5. 具有丰富的财务管理、资金筹划、融资及资本市场运作经验。 6. 极强的财务分析、决策、判断能力；组织、管理、协调能力；市场预测、政策解读能力；敏锐洞察力和数据感知能力。 7. 良好的职业操守。

新三板财务总监必备的知识

新三板财务总监是穿插于金融市场和公司内部财务管理之间的重要角色，毫无疑问，他们必须具备清晰的头脑、开阔的思路、高瞻远瞩的谋略和准确的判断力，能够从整体发展的战略高度来认识和处理问题。在很多新三板财务总监看来，学习不仅是获取专业知识的重要途径，更是开阔视野的重要途径。

对新三板财务总监来说，需要掌握财务管理、金融和资本运作、宏观经济、企业管理、法律等方面的知识。这些知识构成了新三板财务总监科学合理的知识体系。

财务管理方面的专业知识

专业知识是新三板财务总监的核心价值体现。其专业知识包括以下方面：财务管理与资金运作；财务报表深度精析、预算制定、执行与管理；现金流量与营运资金管理、成本分析、控制与管理；最新税收政策与纳税筹划；资本运作与投融资常规技战术、海内外上市、投资与并购重组、风险投资与私募股权投资、机构投资者及股票与基金实务；财务信息化建设及 ERP、Excel 表格、工具软件在预算、评估、价值、分析中的应用等。

这些作为新三板财务总监的基本功，并非一朝一夕能够练就，需要有扎实的专业知识作为支撑。因此，新三板财务总监首先应该是财务专家，具备较高的专业水准，然后作为管理者参与公司的重大决策。

金融和资本运作方面的知识

财务和金融是不可分割的，财务的创新往往是和金融的创新联系在一起的，而金融的创新又推动了财务向前发展。现在金融工具越来越多，也给财务提供了更大利用平台，加强金融知识的学习，是每一位新三板财务总监必须要做的工作。

企业发展到一定阶段，从产业平台向资本平台发展也是企业壮大的一个必要过程。在这个过程中，新三板财务总监将会扮演非常重要的角色，资本领域运作方法、模式千差万别，风险和效果也大不相同，不断地学习新的案例，不断地和券商、投资公司接触，就会提高这方面的能力。

宏观经济方面的知识

企业作为一个微观的经济体，它的发展是和宏观经济紧密相连的，任何一个企业都无法在宏观经济之外独立发展。了解宏观经济的走势，对企业坚持正确的发展方向很重要，对企业做出正确的行为选择也很重要，比如说面对国家银根紧缩的政策，一些行业要想扩大规模，从融资角度来说，在时机的选择上可能就不太合适。

同时，在了解宏观经济的过程中，对企业所在行业的发展也会有清晰的认识，这对财务总监对企业上市战略提供支持是大为有益的。

企业管理方面的知识

财务管理是企业管理中很重要的一个方面，但是企业文化、企业战略、人力资源等方面的管理也是非常重要的方面。作为在企业管理起到重要作用的财务总监，不能仅仅从财务的角度去看问题，全面的视角才有利于财务总监在企业中起到更大的作用。

法律方面的知识

一切企业的经营活动都必须建立在合法的基础之上，这是企业长久经营的前提。经济方面的法律越来越细，越来越多，对企业的影响也越来越大，像《会计法》《公司法》《证券法》，以及《全国中小企业股份转让系统有限责任公司管理暂行办法》《全国中小企业股份转让系统股票挂牌业务操作指南（试行）》《中国证券监督管理委员会公告（2013 年）》《全国中小企业股份转让系统挂牌公司信息披露细则》等一些法律法规，都是一个优秀财务总监所必须了解和掌握的，只有这样才能自如地处理面对的问题。

做一名优秀的财务总监，仅仅具有以上几个方面的条件是不够的，还需要具备丰富的经验、过人的胆识等一系列条件，当然还有对财务工作本身的热爱。在通往优秀财务总监的道路上，充满艰苦和挑战，只要具备坚韧努力、勤奋乐观、不断学习、勇于创新的精神，一定会成为一名优秀的财务总监。

第二章　新三板财务总监必看的八大要点

新三板挂牌企业层出不穷，日均基本上有20家。财务总监作为企业决策层，该如何从这些挂牌企业中让自己的企业脱颖而出呢？财务总监应该注意以下八大要点：高新技术企业身份要真实；业务要明确；同业竞争要处理；持续经营有保障；资金占用要尽早解决；财务处理要真实；股权激励要规划；企业运作需规范。

要点一：高新技术企业身份要真实

拟挂牌新三板的高新技术企业认定容易在研发费用占比和研发人员占比两个方面出现问题。对此，财务总监要根据最新文件并结合最近一年的实际情况，明确年度研发费用占比和研发人员占比等标准，提前做好安排。

高新技术企业研发费用占比低已成为企业持续享受税收优惠的最大“绊脚石”

作为中国版的“纳斯达克”，新三板集中了大量高新技术企业。股转系统综合事务部总监贾忠磊2015年底透露，新三板挂牌企业中高新技术企业占比达到65%。2015年10月财政部等部门通报取消42家企业的高新技术企业资格，其中有16家是因为研发费用占比不足。可以说，研发费用占比已经成为企业持续享受税收优惠的最大“绊脚石”，也是股转系统非常关注的问题。

俪德照明（832435）是上海第一批高新技术企业，2010年至2012年享受15%的所得税率。2013年俪德照明顺利通过高新技术企业复审，有效期从2013年至2015年。

2015年俪德照明按照15%的优惠税率完成2014年所得税清算，2016年1月接到税务机关通知，由于公司2014年研发费用未达到销售收入的6%，不能享受高新技术企业税收优惠。随后，俪德照明按规定开展企业自查，对2014年的所得税进行了调整，调整之后2014年所得税增加52.33万元。俪德照明2014年研发支出82.63万元，占营业收入的2.7%。

（案例来源：根据“新浪财经”2016年4月11日《高新技术企业研发费占比低　股转表示很着急》改写）

财政部等部门2015年10月通报取消高新技术企业资格的42家企业中，有6家是因为在申报过程中弄虚作假，这6家企业被追缴税款，并且5年内不能再申请认证。2015年新三板有5家挂牌公司因为各种原因未能通过高新技术企业复审，但尚未出现被发现申报时弄虚作假的情形。弄虚作假自然是要严惩不贷的，不过企业还是可以通过一些合法调节行为，充分享受高新技术企业资格带来的税收优惠。例如，最近一个年度的销售收入作为确定研发费用占比的关键标准，可以通过适当地调整来降低研发费用的“及格线”。

修订后的《高新技术企业认定管理办法》中对高新技术企业的认定

科技部、财政部、国家税务总局于2016年1月29日印发修订后的《高新技术企业认定管理办法》规定，高新技术企业必须同时满足以下条件，如表2－1所示。

表2-1 认定高新技术企业的条件

序号	内容
1	企业申请认定时须工商注册满一年以上。
2	企业通过自主研发、受让、受赠、并购等方式，获得对其主要产品（服务）在技术上发挥核心支持作用的知识产权。
3	企业主要产品（服务）的技术术语在《国家重点支持的高新技术领域》的规定范围。
4	企业从事研发和相关技术创新获得的科技人员占企业当年职工总数的比例不低于10%。
5	企业近三个会计年度（实际经营期不满三年的按实际经营实际计算）的研究开发费用总额占同期销售收入总额的比例符合如下要求：（1）最近一年销售收入小于2亿元（含）的企业，比例不低于4%。（2）最近一年销售收入在2亿元以上的企业，比例不低于3%。其中，企业在中国境内发生的研究开发费用总额占全部研究开发费用总额的比例不低于60%。
6	近一年高新技术产品（服务）收入占企业同期总收入的比例不低于60%。
7	企业创新能力评价应达到相应要求。

除了适当放宽认定条件的内容“研发费用占销售收入比例”外，《高新技术企业认定管理办法》还将原来的“具有大学专科以上学历的科技人员占企业当年职工总数30%以上”调整为“不低于10%”；取消“近三年内”获得知识产权的限制，以及“五年以上独占许可”获得知识产权的方式等。

对于拟挂牌新三板的高新技术企业的研发费用占比和研发人员占比问题，财务总监要根据修订后的《高新技术企业认定管理办法》进行操作。

要点二：业务要明确

《全国中小企业股份转让系统业务规则（试行）》对挂牌公司的准入规则进行了进一步调整，除坚持中关村试点中要求的公司治理健全、运行规范、存续满两年且具有持续经营能力等条件之外，同时考虑企业多样化特点，将“主营业务突出”调整为“业务明确”，对业务是否突出不做量化要求，重点要求公司要真实、准确、完整地描述业务模式、业务分布、营业收入构成及比例等详细信息。对此，财务总监要准确理解“业务明确”，做好信息披露。

什么是业务明确

业务明确，是指公司能够明确、具体地阐述其经营的业务、产品或服务、用途及其商业模式等信息。

公司可同时经营一种或多种业务，每种业务应具有相应的关键资源要素，该要素组成应具有投入、处理和产出能力，能够与商业合同、收入或成本费用等相匹配。公司业务如需主管部门审批，应取得相应的资质、许可或特许经营权等。公司业务须遵守法律、行政法规和规章的规定，符合国家产业政策以及环保、质量、安全等要求。

强化信息披露

财务总监在准入环节调整的基础上，更强调强化挂牌环节的信息披露，如表2－2所示。

表2－2 强化信息披露的措施

序号	内容
1	要求申请挂牌公司进一步充实风险揭示内容，在原来章节设计上，集中风险披露内容，突出风险揭示。
2	增加披露董监高和核心技术人员的变动情况及影响。
3	统一要求申请文件应包含法律意见书。
4	要求申请挂牌的公司须聘请具有证券业务资格的会计师事务所审计。此前在中关村试点中并无此明确要求。
5	统一要求申请挂牌公司执行新会计准则。要求挂牌公司按新会计准则披露最近两个会计年经审计的资产负债表、利润表、现金流量表和股东权益变动表。

要点三：同业竞争要处理

对于挂牌新三板的企业来讲，同业竞争是红线，不能碰。否则，这个问题可能会使监管部门对企业的持续经营能力做出消极的判断。因为监管层在新三板尽职调查事项中，非常关注同业竞争问题，并主张避免同业竞争。

什么是同业竞争

同业竞争，是指发行人的控股股东、实际控制人及其控制的其他企业从事与发行人相同、相似的业务，从而使双方构成或可能构成直接或间接的竞争关系。

法律和主管部门关于同业竞争的基本态度，是在具有同业竞争的两家公司之间，尤其是具有控制与被控制关系的两家公司之间，控股股东或实际控制人可以任意转移业务与商业机会，这样很容易损害被控制公司的利益。所以，为维护上市公司本身和以中小股东为主的广大投资者的利益，很多国家的资本市场对同业竞争都实行严格的禁止。发行人与控股股东、实际控制人及其控制的其他企业之间不存在同业竞争是企业上市的基本条件之一。

证券发行监管部门在判断拟发行人与竞争方之间是否存在同业竞争时，通常会关注以下几方面的内容，如表2－3所示。

表2－3 证券发行监管部门判断同业竞争时关注的内容

序号	内容
1	考察产品或者服务的销售区域或销售对象。若存在销售区域地理距离远、销售对象不同等因素，即使同一种产品或者服务，也可能不发生业务竞争及利益冲突。
2	如存在细分产品，可考察产品生产工艺是否存在重大差异。若拟发行人与竞争方的产品同属于某一大类行业，但又存在产品细分情形，则两者之间的生产工艺也将可以成为考察是否存在同业竞争的重要方面。
3	考察发行人所在行业的特点和业务方式。有时在具体个案中，监管部门也会结合发行人所在行业的行业特点和业务运作模式来具体判断是否构成同业竞争。

如何避免同业竞争

同业竞争是拟上市新三板企业应避免的问题。避免同业竞争需要关注的具体内容包括：同一实际控制人之下是否存在与拟挂牌企业同业竞争的企业；公司高级管理人员是否兼任实职，财务人员是否在关联企业中兼职；公司改制时，发起人是否将构成同业竞争关系的相关资产、业务全部投入股份公司。

鉴于公司上市时同业竞争的绝对不可存在性，公司对于已经存在的同业竞争，有关主体必须在申请上市前彻底解决同业竞争的问题。同时，有关主体还需要根据具体情况就避免同业竞争做出妥善安排和承诺。如实际控制人或其他主要股东与企业存在同业竞争，通常的解决方式有股权转让、注销、收购相关业务和资产以及签订买断销售协议等。

避免同业竞争的对策，如表2-4所示。

表2-4 避免同业竞争的对策

序号	内容
1	将同业竞争的公司股权收购到发行人或发行人的子公司，从而将其转为拟挂牌企业的公司。
2	由竞争方将存在的竞争性业务转让给无关联关系的第三方。
3	直接注销同业竞争方。这种情况多发生在同一实际控制人之下有两个或两个以上同业竞争企业，注销其余同业竞争企业不对实际控制人产生影响。
4	签订市场分割协议，合理划分发行人与竞争方的市场区域。
5	将与拟发行人存在同业竞争的业务委托给拟发行人经营。
6	拟挂牌企业回购同业竞争公司的业务和资产。此外，根据具体企业情况，以协议买断销售、以市场分割协议解决和充分论证同业但不竞争等方式也可解决同业竞争问题。
7	多角度详尽解释同业但不竞争。

对新三板挂牌的企业当然不能像对上市公司一样严苛的要求，但公司和控股股东、实际控制人之间尽量不要有同业竞争。如果有相同或相竞争的业务，就要剥离、要停止、要规范。值得企业注意的是，无论采用何种解决方式，控股股东都应出具“避免同业竞争承诺”，承诺不与拟挂牌企业发展同业竞争的业务。

另外，显失公平的关联交易也要尽量规范和避免。但对于同业竞争和显失公平的关联交易的界定，新三板的尺度要比IPO（首次公开募股，Initial Public Offerings，IPO）企业放得更宽，同业竞争不搞“一刀切”，分具体情况，尽量整改或提出整改措施，如实在难以解决的就如实披露，并在后续持续督导过程中关注。

要点四：持续经营有保障

持续经营能力，是指公司基于报告期内的生产经营状况，在可预见的将来，有能力按照既定目标持续经营下去。

如何判断公司持续经营能力

持续经营能力并非一个单纯的法律或财务概念，公司的一切运作活动都与持续经营能力息息相关。它看似包罗万象，无所不至，但作为财务总监的审核标准，也有具化的可能性，因此在实际判断和掌握中也并非无章可循。

优秀的持续经营能力至少具有以下四个要素：一是朝阳产业，符合国家产业政策和人类的可持续发展；二是具有经营所需的必备资源要素；三是具有优秀领导团队和核心人员；四是在一定时期内，具有稳定增长性。上面谈到持续经营能力的四个要素较为抽象。那么，如何判断企业是否具有持续经营能力呢?

哲学中讲量变产生质变，抽象的事物在被解构、具化后，将变得较为容易理解。因此在实际判断中，可以将上述抽象的要素分解为具体的标准。综合公众公司信息披露和反馈的信息，持续盈利能力的构成要素至少包括以下几方面，如表2－5所示。

表2－5　持续经营能力的构成要素

要素	内容
行业	企业所处行业是否属于国家政策允许、扶持、鼓励的行业；是否存在行业周期性风险；行业竞争主要存在的其他外部风险。
股东、管理层	管理层的管理能力；管理层是否稳定；是否存在利用优势地位损害公司利益的动机和风险（如关联交易、同业竞争等易诱发利益输送的风险点）；管理层的管理理念、管理模式；管理层是否具有因个人业绩束缚而追求短暂财务指标的可能性（如个人收入为指标与公司的对赌协议）。
资源要素	是否取得经营发展的必要资质；是否掌握必要的生产技术且该技术尚在保护期内；是否具有必要的设备、土地、厂房，权属是否清晰；是否具有核心团队；对上下游客户是否具有依赖性；是否具有独立的渠道。
财务状况	企业现金流是否充足；是否具备健全的内控制度；企业的经营收益是否稳定增长；企业对于研发等成本投入是否具有持续性，是否与收入、规模相匹配。
产品与服务	产品的市场占有率和可替代性；产品及服务的品种结构。
纳税	对税收优惠政策、财政补贴的依赖性（享有税收优惠或财政补贴的企业）。
重大诉讼仲裁	是否存在重大诉讼、仲裁。

除此之外，根据行业和企业经营模式的特点，企业的持续经营能力也包括其他构成要素。虽难以一一穷尽，但亦可遵循上述思路处理。

需要注意的保障公司持续经营能力的关注点

虽然新三板挂牌条件中并无明确的财务指标要求，对企业是否盈利也无硬性规定，但企业的持续经营要有保障，即企业经营模式、产品和服务没有重大变化，在所处的细分行业有很好的发展前景。为此，财务总监要注意企业持续经营能力的两个“点”，如表2-6所示。

表2-6　财务总监需要注意的保障公司持续经营能力的两个关注点

关注点	实操要领
持续亏损	对于存在亏损的企业要关注的是：报告期内具备持续经营记录；亏损原因；可采用多维度分析持续经营能力，如现金流量、营业收入、交易客户、研发费用、合同签订情况、行业特有计量指标等情况、资金筹措能力（如挂牌发行）等量化指标；行业发展趋势、市场竞争情况、公司核心优势（如技术领先性）、商业模式创新性、风险管理。从这些方面分析公司持续经营能力，并且要就是否具有持续经营能力发表意见。
资不抵债	对于资不抵债的企业要关注的是：结合公司营运记录；公司竞争优势；母公司营运情况；获取现金流能力。从这些方面分析公司持续经营能力，充分披露子公司对合并报表的影响、对新设子公司的相关风险进行充分揭示，并且要就是否具有持续经营能力发表意见。

总之，持续经营能力是一个企业核心竞争力的体现。企业财务总监以此自查，形成多元化的企业融资渠道，能够发现企业经营状况的弊端，从而使企业能够有的放矢地提升自身竞争力；公众据以审查，能够判断企业的投资价值，从而挖掘到具有真正投资价值的企业。

要点五：资金占用要尽早解决

资金占用包括经营性资金占用和非经营性资金占用，前者是指控股股东、实际控制人及其关联方通过采购、销售、相互提供劳务的关联交易产生的资金占用，后者是指为控股股东、实际控制人及其关联方垫付工资与福利保险、广告等期间费用，以有偿或无偿的方式直接或间接地拆借资金和代偿债务及其他在没有商品和劳务对价的情况下，提供给控股股东及其关联方使用资金、与控股股东及其关联方互相代为承担成本和其他支出等。

许多中小民营企业在发展初期都存在“公司与个人不分”的问题，即公司的资产、账户与个人的财产、账户有一定的混用现象。对于这种资金占用问题，拟挂牌企业的解决之道是尽早规范，不将问题带到以后的挂牌公司。

全国股转系统再查资金占用

股东及关联方占款的问题，在主板治理多年后，有在新三板死灰复燃的迹象，因此成了2016年核查的重点。全国中小企业股份转让系统公司业务部向各家主办券商下发了要对挂牌企业资金占用情况进行专项统计的通知，并且要求将统计结果在近日反馈至监管员处。不过此次全国股转系统并非要求所有挂牌企业都做这项统计，监管层提供的统计范围为3107家挂牌企业。这个通知详细解释了什么是资金占用，如何判断资金占用。

全国股转系统认定，挂牌公司为控股股东、实际控制人及其附属企业（挂牌公司统一控制下的企业）垫付工资、福利、保险、广告等费用和其他支出以及挂牌公司代控股股东、实际控制人及其附属企业（挂牌公司统一控制下的企业）偿还债务，为控股股东、实际控制人及其附属企业（挂牌公司统一控制下的企业）承担担保而形成的债权将被认定为资金占用。另外，挂牌公司有偿或者无偿、直接或间接拆借给控股股东、实际控制人及其附属企业（挂牌公司统一控制下的企业）的资金和董事、监事、高级管理人员有偿或者无偿、直接或者间接从挂牌公司拆借资金。全国股转系统要求拟挂牌公司依据公司披露的年度报告、会计师出具的专项意见，对是否涉及上述情形进行判断。同时还强调挂牌时或者挂牌前已清理的可以不认定为资金占用。

此外，该通知还明确了不认定为资金占用的情况，方便券商做出判断。通知指出，挂牌公司董事、监事、高级管理人员以及其他人员可能会存在备用金，此种情形一般不认定为资金占用。另外，“与控股子公司、参股子公司的借款以及经营性往来”和“联营企业的经营性往来”和与控股股东、实际控制人及其附属企业（挂牌公司统一控制下的企业）的经营性往来也不认定为资金占用。

事实上，全国股转系统早在2015年第四季度便两次下发通知，要求2015年以来所有有过发行记录的企业，就“大股东占款及提前使用定增资金”的违法违规行为自查。全国股转系统也对自查结果进行了反馈。2016 年 3 月，全国股转系统联合地方证监局又进行了一轮针对挂牌企业的财务抽查，其中占款问题再次成为核查重点。2016 年 4 月以来，已有数家公司因为资金占用的问题被地方证监局出具了《行政措施决定书》或是警示函。

资金占用问题解决办法

重组、以股抵债、转为委托贷款等措施都是解决资金占用问题极为有效的办法。采取这些措施，操作上要依据相关的法律法规。

关于重组，根据《上市公司重大资产重组管理办法》第三条“任何单位和个人不得利用重大资产重组损害上市公司及其股东的合法权益”的规定，提出适用如下意见：第一，上市公司重大资产重组时，拟购买资产存在被其股东及其关联方、资产所有人及其关联方非经营性资金占用的，前述有关各方应当在中国证监会受理重大资产重组申报材料前，解决对拟购买资产的非经营性资金占用问题。第二，上市公司应当在《上市公司重大资产重组报告书》第（十三）部分对拟购买资产的股东及其关联方、资产所有人及其关联方是否存在对拟购买资产非经营性资金占用问题进行特别说明。独立财务顾问应当对此进行核查并发表意见。

关于以股抵债，严格地说应该称作“股份回购抵债”，是为了纠正、解决控股股东侵占上市公司资金问题，允许上市公司依特定价格回购控股股东所持有的股份，并以回购应付价款与控股股东侵占上市公司资金所形成的负债相抵销。

目前人们对于以股抵债的合法性存在争议。有人依据《公司法》

第一百四十九条“公司不得收购本公司的股票，但为减少公司资本而注销股份或者与持有本公司股票的其他公司合并时除外。公司依照前款规定收购本公司的股票后，必须在十日内注销该部分股份，依照法律、行政法规办理变更登记，并公告”的规定，认为实施以股抵债有充足的法律依据。而另一些人认为实施以股抵债存在重大法律障碍，按照《公司法》的规定，股份公司股东出资后是不得随意抽出资金的，而大股东“以股抵债”客观上造成了大股东抽出已入股资金，导致出资不实，从而使上市公司资产减值，“肯定是违反《公司法》的行为”。

以股抵债包括相互联系的两方面内容。一是回购，即上市公司以特定的价格向控股股东及其他关联方定向回购股份，并将回购的股份依法注销。因回购关涉资本的变动和股权平等的原则，所以要受到法律、法规的限制，并要得到股东大会的批准，而定向回购的关联股东则应回避表决，并且回购是双方法律行为，所以还必须双方意思表示一致。如果回购的是国有股，还需得到国资委的批准。二是抵销，即以上市公司应付的回购价款与控股股东及其他关联方因侵占上市公司的资金而形成的对上市公司的负债相抵销。依据债因抵销而消灭的原理，因应付的回购价款与控股股东及其他关联方侵占上市公司资金所形成的负债是同一性质的债务，并均已到期，只需一方为意思表示，便可实现。由上可见，以股抵债的关键就在于回购，而回购的关键则在于定价。只要定价合理，就可以避免“以股逃债”或“以股赖债”。

关于委托贷款，按照现有法律法规，企业与企业之间很难进行直接借贷，与通过委托贷款，A 企业作为委托方提供资金，委托商业银行作为受托方，可以将钱借给 B 企业。作为一项中间业务，委托贷款的初衷是为实体经济增加投资渠道、盘活存量资金，同时银行也能赚取中间业务收入。

为规范商业银行委托贷款业务，监管政策再出“利器”。2015年1月16日，中国银监会制定《商业银行委托贷款管理办法》公开征求意见，该办法对委托贷款的资金来源和资金用途做出严格规范。

在资金来源方面，该办法拟规定商业银行严禁接受下列资金发放委托贷款：一是国家规定具有特殊用途的各类专项基金；二是银行授信资金；三是发行债券筹集的资金；四是筹集的他人资金；五是无法证明来源的资金。其中的第四条意味着这几年红火的券商资管、基金子公司委托贷款模式几乎不能做了。

在资金用途方面，该办法拟规定，商业银行受托发放的贷款不得用于以下几方面：一是生产、经营或投资国家明令禁止的产品和项目；二是从事债券、期货、金融衍生品、理财产品、股本权益等投资；三是作为注册资本金、注册验资或增资扩股；四是国家明确规定的其他禁止用途。

具体来看，商业银行应严格隔离委托贷款业务与自营业务风险，不能为委托贷款提供各类形式担保，严禁代委托人确定借款人、参与委托人的贷款决策、代委托人垫付资金发放委托贷款、代委托人垫付应纳税金、代借款人确定担保人、代借款人垫付资金归还委托贷款、以自营贷款置换委托贷款代委托人承担风险等。

此外，商业银行内部的分账核算、管理信息系统也需进一步完善。按照新规，商业银行应对委托贷款业务与自营贷款业务实行分账核算，严格按照会计核算制度要求记录委托贷款业务，同时反映委托贷款和委托资金，二者不得轧差后反映，确保委托贷款业务核算真实、准确、完整。此外，商业银行应建立、完善委托贷款管理信息系统，对资金来源、投向、期限、利率以及委托人和借款人等相关信息进行登记，确保该项业务信息的完整、连续、准确和可追溯。

总之，资金占用贯穿于企业挂牌上市的全过程，是一条红线，是不应该发生且零容忍的事。新三板有它的特殊性，基数较大、不设财务标准、中介机构比较杂。资金占用在挂牌的时候就是红线，挂牌满一年出年报的话更要规范。

要点六：财务处理要真实

财务处理包括财会与账务两方面，是一个大的方向，侧重于管理。通常人们认为财务就是会计，这只是一个比较笼统的说法。

财务处理要做到真实，需要从财务管理大环境与日常财务管理三方面下手：一是改变财务管理的大环境；二是加强日常的财务管理；三是合理解释财务数据。

改变财务管理的大环境

第一，正视问题。比如在正式的会议上指出财务方面存在的风险，这个很关键，因为大家都是聪明人，自然会去思考，有问题是瞒不住的。

第二，给领导层递交风险报告，把产生风险的事项列示清楚，便于领导层对前一年引发的风险有所准备，并提出把有限的风险容忍度留给最关键的业务。这是一种非常有效的方式，不仅会引起领导层的重视，业务部门也会积极配合，采取可靠的解决方式，也是将业务部门拉到财务部门同一战线上的策略。

第三，坚持服务与控制并重，在坚持原则的基础上，积极为业务部门提供灵活的解决方案，在专业上赢得他们的信任。

第四，抓住几个主要部门进行感情投资。有一些综合管理部门对财务管理起着至关重要的作用，比如物资采购部门、人力资源部、维护管理部……这些部门要注意平时交流，相互之间建立起和谐信任的关系。

第五，采取有效的交流方式。不拘一格的交流方式，会使员工多方面获取信息，多层次传递信息。比如有一些理念要灌输给所有的业务人员，不能仅仅靠培训，靠大会、小会来宣讲，建立一种形式活泼的简报方式如《财务通讯》等就很有效，通过这种方式一方面传递经营信息，另一方面以讲案例的方式传递财务管控意识，去解释他们一些不理解的事情。

加强日常的财务管理

第一，整个财务部门统一思想，培养财务人员的服务意识。

第二，岗位调整。把合适的人放到合适的岗位上，比如把性格活泼、善于与人沟通的人员放到对外的岗位上等。

第三，整治财务办公环境，比如在出纳台旁边放一对沙发，茶几上有报纸、有纸杯、有茶、有水，便于业务比较繁忙时办事人员等待时打发时间。

第四，建立标准的服务语言和流程，对内部人员进行服务培训。

合理解释财务数据

财务数据直接反映了企业的经营业绩，因此，财务总监应在尊重客观事实的基础上尽可能给出合理的解释。

例如，如果企业的原材料价格受国际市场影响较大，则对企业运营而言是一种很大的不确定性，但如果企业能对自己的风险转移能力给出有说服力的论证，则“原材料价格波动大”不但不会对企业经营业绩带来负面影响，反而体现了企业的一种竞争优势。另外，公司的销售费用率大幅低于同行业，公司的流动比率较同行业公司高，而资产负债率较同行业低等问题，主管部门都会要求企业做出合理的解释。所有这些问题的解决，企业的财务总监都在其中扮演着举足轻重的角色。

要点七：股权激励要规划

对于企业而言，人才是核心竞争力。仅靠高工资留住人才的做法一方面成本较高，另一方面也无法应对同行业已上市公司的股权诱惑。但股权激励是一个系统工程，涉及管理、法律和财务等方面的问题，如果没有提前规划，诸如稀释多少股权、如何定价、与业绩如何挂钩、会计如何入账等问题在挂牌改制时会接踵而至，而此时再处理的难度会加大。因此，需要对股权激励认真规划。

股权激励的规划设计因素

股权激励规划需要明确设计因素。这些因素包括激励对象、购股规定、售股规定等六个方面的内容，如表 2－7 所示。

表 2－7　股权激励规划需要明确的设计因素

因素	内容
激励对象	既有企业经营者（如 CEO）的股权激励，也包括普通雇员的持股计划、以股票支付董事报酬、以股票支付基层管理者的报酬等。

续表

因素	内容
购股规定	即对经理人购买股权的相关规定，包括购买价格、期限、数量及是否允许放弃购股等。上市公司的购股价格一般参照签约当时的股票市场价格确定，其他公司的购股价格则参照当时股权价值确定。
售股规定	即对经理人出售股权的相关规定，包括出售价格、数量、期限的规定。出售价格按出售日的股权市场价值确定，其中上市公司参照股票的市场价格，其他公司则一般根据预先确定的方法计算出售价格。为了使经理人更多地关心股东的长期利益，一般规定经理人在一定的期限后方可出售其持有股票，并对出售数量做出限制。
权利义务	即对经理人是否享有分红收益权、股票表决权和如何承担股权贬值风险等权利、义务做出规定。
股权管理	包括管理方式、股权获得来源和股权激励占总收入的比例等。股权获得来源包括经理人购买、奖励获得、技术入股、管理入股、岗位持股等。股权激励在经理人的总收入中所占的比例不同，其激励的效果也不同。
操作方式	包括是否发生股权的实际转让关系、股票来源等。一些情况下，为了回避法律障碍或其他操作上的问题，在股权激励中，实际上不发生股权的实际转让关系。在股权来源方面，有股票回购、增发新股、库存股票等。

五步连贯股权激励法

在股权激励中引入五步连贯股权激励法，能够增强企业内部凝聚力、向心力和战斗力。五步连贯股权激励法将股权激励的实施分解为定人、定股、定价、定量、定时五大步骤，环环相连，步步紧扣，如表 2－8 所示。

表 2-8 股权激励规划之五步连贯股权激励法

事项	内容
定人	股权激励的参与方有合伙人、中高层管理人员（如 VP、总监等）、骨干员工与外部顾问。合伙人主要拿限制性股权，不参与期权分配。但是，如果合伙人的贡献与他持有的股权非常不匹配，也可以给合伙人增发一部分期权，来调整早期进行合伙人股权分配不合理的问题。中高层管理人员是拿期权的主要人群。
定股	一是期权模式。这是国际上一种最为经典、使用最为广泛的股权激励模式。其内容要点是：公司经股东大会同意，将预留的、已发行未公开上市的普通股股票认股权作为“一揽子”报酬中的一部分，以事先确定的某一期权价格有条件地无偿授予或奖励给公司高层管理人员和技术骨干，股票期权的享有者可在规定的时期内做出行权、兑现等选择。设计和实施股票期权模式，要求公司必须是公众上市公司，有合理合法的、可资实施股票期权的股票来源，并要求具有一个股价能基本反映股票内在价值、运作比较规范、秩序良好的资本市场载体。已成功在香港上市的联想集团和方正科技等，实行的就是股票期权激励模式。二是限制性股票模式。限制性股票指上市公司按照预先确定的条件授予激励对象一定数量的本公司股票，激励对象只有在工作年限或业绩目标符合股权激励计划规定条件的，才可出售限制性股票并从中获益。此外，还有股票增值权和虚拟股票两种模式，限于篇幅，这里不再介绍。
定价	员工拿期权的逻辑是，掏一小部分钱，加上长期参与创业赚股权。因此，员工应当按照公司股权公平市场价值的折扣价取得期权。期权发放的过程，是要让员工意识到，期权本身很值钱，但他只需要掏一小部分钱即可获得。之所以他掏钱少，是因为公司对他是有预期的，是基于他会长期参与创业的，他如果不在公司工作了，公司把他的期权回购是合情合理，员工也是可接受的。
定量	定量一方面是定公司期权池的总量，另一方面是定每个人或岗位的量。公司的期权池，10% ~30% 较多，15% 是个中间值。期权池的大小需要根据公司情况来设定。在确定具体到每个人的期权时，首先应考虑给不同岗位和不同级别人员期权大小，然后再具体定个人的期权大小。在确定岗位期权量时可以先按部门分配，再具体到岗位。公司总池子确定下来，再综合考虑他的职位、贡献、薪水与公司发展阶段，员工该取得的

续表

事项	内容
	激励股权数量基本就确定下来了。同一个级别的技术大拿，在 VC 进来之前就参与创业、在 VC 进来后才加入公司、在 C 轮甚至 IPO 前夕加入公司，拿到的期权应该区别对待。另外，公司也可以给员工选择，是拿“高工资 + 低期权”，还是拿“低工资 + 高期权”。创始人通常都喜欢选择低工资高期权的。
定时	有的创业者在公司初创阶段就开始大量发放期权，甚至进行全员持股。合理的建议是，对于公司核心的合伙人团队，碰到合适的人，经过磨合期，就可以开始发放股权。但对于非合伙人层面的员工过早发放股权，一方面，股权激励成本很高，给单个员工三五个点股权，员工可能都没感觉；另一方面，激励效果很差，甚至会被认为是“画大饼”，起到负面激励效果。因此，公司最好是走到一定阶段后，发放期权的效果会比较好。另外要控制发放的节奏与进度，为后续进入的团队预留期权发放空间。全员持股可以成为企业的选择方向，但最好是先解决第一梯队，再解决第二梯队，最后普惠制解决第三梯队，形成示范效应。这样既可以达到激励效果，又控制好激励成本；期权激励是中长期激励，激励对象的选择，最好“先恋爱，再结婚”，与公司经过一段时间的磨合期。

激励期权的退出机制

在创业公司实施员工股权激励时，激励期权的进入机制能够让激励方案发挥效果，而激励期权的退出机制，即约定员工离职时已行权的股权是否回购、回购价格等，避免在员工离职时出现不必要的纠纷。

关于回购期权的类型，一个比较重要的问题是：员工已经成熟的期权和已经行权的股权要不要回购？怎么回购？这里面涉及三类期权，如表 2 - 9 所示。

表 2-9　回购期权的类型及回购方式

类型	回购方式
已经行权的期权	是员工自己花钱买的股权，按理说不应该回收股权。如果是公司已经被并购或已经上市，一般情况下不去回购员工已行权的股权。但是对于创业公司来说，离职的员工持有公司股权，是公司的正式股东，因此，建议提前约定在员工离职后公司有权按照一个约定的价格对员工持有的股权进行回购。
已经成熟的期权	是员工通过为公司服务过一段时间后赚得的，即使员工在决定离职时没有行权，员工也具有行权的权利。这个时候应该给员工选择是否行权，如果员工选择行权，则按照协议的行权价格继续购买公司股票。
未成熟期权	未成熟的期权不存在回收问题，因为这部分期权仍归公司所有，员工没有达到行权条件，因此公司可以直接放回期权池。但是为了避免员工误解，降低沟通成本，可以用 1 元钱回收员工所有的未成熟的股权，便于操作。

关于股权回购价格定价，一般可以按照公司当时的净资产、净利润、估值来确定。

如果按照估值来算，因为投资人的估值是按照公司未来一段时间的股权价格，因此公司估值是代表着公司未来一段时间的价格，会对公司估值打个折扣后，再根据员工持有的股权比例，来确定价格。而且如果按照公司的估值来算的话，也会影响公司的现金流。而如果按照净资产和净利润，应该有相应的溢价。因为公司回收了员工手里股权未来的收益权。

总之，股权激励规划要明确各个设计因素，引入五步连贯股权激励法，制定科学合理、切实可行的退出机制。只有这样才能将股权激励这个系统工程做好。另外，作为附加条件，激励对象每年必须完成相应的考核指标，并设置好完不成目标、严重失职等情况下的股权处理意见；对于考核指标，财务总监也需参与制定详细、明确的书面考核办法。

要点八：企业运作需规范

中小民营企业容易在生产经营不规范、资产权属、环保、税务、“五险一金”等方面出现问题。如公司变更为股份有限公司时，未按要求进行验资，导致注册设立存在瑕疵；租用的厂房产权手续不完善，其生产基地租赁方尚未取得合法的土地证和房产证；连续因环保项目违规，遭到项目所在环保部门的处罚；采用内外账方式，利润并未完全显现，挂牌前面临税务处罚和调账；在报告期内按当地社保缴纳基数下限给员工缴纳社保，而非法律规定的实际工资，并且未严格执行住房公积金管理制度。出现这样的问题，企业财务总监一定要明白：彻底解决问题、切实规范运作才是根本，才是万全之策。

那么，如何彻底解决问题、切实规范运作？

积极、主动地提供咨询参谋意见

无论是公司的经营决策还是投资决策，都需要有一个强有力的决策支持系统，即会计信息系统。在决策中，对于如机会成本、差别成本等成本概念的应用、量本利相互关系的分析、投资回报率与内部收益率等指标的应用以及现金净流量及其现值的衡量计算，特别对于经济增加值（EVA）理念的引入，等等，都是财务总监在董事会做出决策前可以提供的专业咨询参谋意见。除此之外，还可提供可用于决策的非财务信息。如投资项目对环境保护的影响程度及其产生的为保护环境而发生的有关成本、决策实施后市场占有率的状况以及对其会产生影响的有关因素、决策前企业技术创新与管理创新的现状及做出决策后的发展趋势、国家有关经济政策的变化走向等。这些财务信息与非财务信息，对保证决策的科学性是极其有用的。

在加强企业经营管理过程中，财务总监可领导财务部门向各级经营班子提供有关资金、成本、利润等方面的信息，发现问题，提出措施，纠正偏差，解决问题。如资金信息，资金是企业的“血液”，资金从什么渠道取得？资金结构合理与否？资金的运用与分布状态是否得当？债权债务的额度及期限如何？现金流动的方向、结构和净流量状态怎样？节约资金的有关途径在哪里？等等。如成本信息，在市场经济条件下，竞争的要素首先是价格、质量和服务水平等。价格的竞争，说到底就是成本高低的竞争。因此，在企业中，固定资产购建的成本、材料采购的成本、产品生产的成本、商品销售的成本和取得资金的成本等，都是财务总监可以提供而最高管理层十分关注的信息。

向外融资并做好资金的调度与监控

只要是一个处在成长发展中的企业，资金资源总是短缺的。从良好的财务管理技巧来说，也有向外融资并做好资金的调度与监控的要求。企业经营活动中，资金存量太多并不好，反之，资金不足也会影响生产经营活动的正常进行。因此，作为财务负责人的财务总监，除负有向外融资的责任外，还义不容辞地负有领导财务部门进行科学的资金调度与监控的重任。

实施资金的统一管理与监控，还应注意以下有关问题，如表2－10所示。

表2－10　财务总监实施资金统一管理与监控应注意的问题

序号	问题的内容
1	清理多余的银行账户必须彻底，不允许存在账外账户，不留隐患。
2	资金必须按期、有偿调度使用。
3	应有科学、如实的资金预算，一切按资金预算办事。
4	通过各单位资金的流入与流出情况，深入了解和掌握各子公司的生产经营活动是否正常、投入产出是否合理、经济效益是否显著、偿债能力是否足够、货币回笼是否正常，等等。
5	各子公司的董事会或其委托人要时刻关心本公司资金流量的方向、规模、结构和数量，从中发现与解决问题，以提高本公司的经营管理水平。

提供财务信息并经常沟通、协调

财务总监要和法定代表人、会计机构负责人一起在财务报告上签字和盖章，向股东等与公司利益相关者提供真实、完整、正确、及时的财务信息，这是财务总监的基本任务之一。

在信息提供过程中，还要与各方面的利益相关者协调处理好的关系有三种，如表2－11所示。

表 2-11　财务总监与各利益相关者的关系

利益相关者	处理方法
与股东的关系	股东是公司的出资人和所有者，根据这一根本性质，财务总监有责任和义务，真实、完整、正确和及时地向他们（现实的股东和潜在的股东）公开披露公司的财务信息，“不做假账”，原原本本地汇报公司的经营情况和财务状况，以使他们做出准确的投资决策。心中时刻想着股东的利益，想着怎样把股东们提供的资本安全地经营好（保值），并使资本效益最大化（增值），以给股东满意的回报。
与债权人的关系	公司的债权人有各种类型，但其中最主要的是与公司具有借贷关系的金融机构和本公司债券的持有者。根据这一性质，财务总监有责任真实、完整、正确和及时地向他们公开披露公司的财务信息，即公司的长、短期偿债能力，以使他们做出正确的信贷决策。
与其他利益相关者的关系	这一类关系中有政府财税部门、会计师事务所等社会中介机构、中国证监会及其派出机构，等等。财务总监向财税部门提供经营过程及其结果等财务信息，以便他们检查自己已依法纳税、履行光荣纳税义务的情况；向会计师事务所、资产评估公司等社会中介机构提供公司全面的财务信息，以便他们鉴证公司经营情况与财务状况的合法性、公允性和一致性以及对公司资产价值的正确确认；向中国证监会及其派出机构提供财务信息，以便他们站在监管部门的角度和中小股东的立场上对公司的经济行为进行有效的监督与帮助。

做好企业内部财务管理和资本运作工作

这些工作包括以下几方面内容，如表 2-12 所示。

表 2－12　财务总监的企业内部财务管理和资本运作工作内容

事项	实操要领
建章立制	要求加强企业内部控制，以科学、严密的管理制度来规范企业的财务行为。不能设想没有严格的规章制度和管理手段，怎能营造管理有序的生产经营环境，怎能确保经营管理的健康发展。对于上市公司，尤其要在遵守市场经济的游戏规则，遵守经济运行的客观规律，遵守国家的有关法律、法规的前提下健康稳定地成长。为此，财务总监首先要有清醒的认识，深谙规范经营是公司得以发展的生命线的真谛。要从公司规范的要求和长治久安的战略高度，制定包括资金管理、投资管理、成本管理、内部控制等在内的一系列规章制度来约束企业的各项财务行为。
成本管理	对于一个企业来说，控制与降低成本是一个永恒的主题。作为财务总监，要督促各成本中心紧紧抓住降低成本这个“牛鼻子”，走技术与经济相结合的路子，不断挖掘降低成本的潜力。要采用现代化的管理手段与方法，改善配比结构、提高材料利用率、降低能耗、减少各项费用。财务总监对此应提出自己的职业意见，发挥自己积极的作用。
为资本运作出谋划策	一是要研究影响资本运作成败的各种因素，防范风险。要计算投资的预期收益水平，预测投资风险、投资成本、融资条件、投资管理及投资环境等。二是预测最优筹资方案，取得综合筹资效益。三是合理配置和有效使用资金。四是实行财务分析，考评资本经营绩效。财务管理是搞好资本经营的真正主角，因为规范化的财务管理可使资本经营迈向市场化、国际化。

第三章　新三板财务总监需关注的财务关键点

新三板财务总监需关注的财务关键点包括：业务明确，具有持续经营能力；公司治理机制健全，合法规范经营；股权明晰，股票发行和转让行为合法合规；公司主要资产状况；同业竞争和关联交易；内部研究开发费用的确认和计量；确认新商业模式下的收入；税务问题。表格化是企业规范化管理的主要实施途径。为了便于财务总监直观清晰地了解和把握其中的财务关键点，本章特以表格的形式来显示。

新三板挂牌上市过程中财务不规范的表现

中小微企业到新三板挂牌前期，不少企业“卡壳”在财务规范上，因而财务规范问题成了企业挂牌的绊脚石。了解新三板挂牌上市过程中财务处理不规范的表现，对于财务总监助力企业到新三板市场挂牌上市具有一定的提示作用。

财务和税务基础工作是否规范，将直接影响挂牌前期培育的质量和成本。财税工作不规范主要表现在以下方面，如表 3－1 所示。

表 3－1　财税基础工作不规范的表现

序号	内容
1	会计政策、会计估计方法不正确或随意变更。创新型企业很多是轻资产企业（如互联网公司、房产服务公司、资讯公司、在线培训公司等），特定行业会计政策特殊，可能导致不规范的处理方式。
2	资产减值准备计提不规范。比如，随意计提资产减值准备，利用资产减值准备提取和冲回调节利润等。
3	销售收入确认原则不规范。不按收入确认原则确认收入，比如，按收付实现制确认收入，按开具收款发票确认收入等。
4	随意计提和摊销费用。通常表现在公司广告费用、研发费用、利息费用、开办费用的确认与摊销不合规。

续表

序号	内容
5	收益性支出与资本性支出划分不清。创新型企业的内部研究开发成本金额很大，如果资本化金额不恰当，会对利润造成严重影响。
6	会计基础相对薄弱。如原始凭证不全、费用及款项长期挂账、长期投资混乱、大额银行存款未达账、小金库、往来不对账，等等。
7	关联交易的处理和披露不规范。比如，关联方界定不完整；关联交易目的及动机不当，常出于调节利润过程中；交易程序不规范；交易依据不充分，缺少相关合同及确认；定价不公允；会计处理不当；实质关联方非关联化；等等。

企业要挂牌新三板，必须把所有的真实的数据拿到台面上，供投资者选择。虽然现在新三板挂牌对公司盈利、资产、主营业务没有要求或者要求较低，但完善的企业财务制度、良好的企业文化、依法纳税、承担社会责任、明确的经营战略、科技创新等，是实现挂牌融资的必经之路。

“业务明确，具有持续经营能力”的财务关键点

“业务明确，具有持续经营能力”是全国股转系统要求的新三板挂牌企业必备条件之一。对此，财务总监需要注意以下关键点，如表3－2所示。

表3－2　“业务明确，具有持续经营能力”的财务关键点与财务总监实务

财务关键点	财务总监实务
了解是否能够明确、具体地阐述其经营的业务、产品或服务、用途及其商业模式等信息。	通过分析公司所处细分行业的情况和风险，调查公司商业模式、经营目标和计划。审慎、客观地分析公司所处细分行业的基本情况和特有风险（如行业风险、市场风险、政策风险等）。通过与公司经营管理层交谈、实地考察公司产品或服务、访谈公司客户等方法，调查公司产品或服务及其用途，了解产品种类、功能或服务种类及其满足的客户需求。
了解公司经营业务，了解每种业务是否有相应的关键资源要素，相关要素组成是否具有投入、处理和产出能力，能够与商业合同、收入或成本费用等相匹配。	第一，通过实地考察、与管理层交谈、查阅公司主要知识产权文件等方法，结合公司行业特点，了解公司业务所依赖的关键资源。第二，通过查阅公司业务制度、实地考察企业经营过程涉及的业务环节、对主要供应商和客户访谈等方法，结合公司行业特点，了解公司关键业务流程。包括但不限于：供应链及其管理，公司对供应商的依赖程度及存在的经营风险；主要产品的生产流程或服务流程、生产工艺、质量控制、安全生产等；营销

续表

财务关键点	财务总监实务
	体系，包括销售方式、是否有排他性销售协议等壁垒、市场推广计划、客户管理，公司对客户的依赖程度及存在的风险；核心产品或服务的研发流程、周期以及更新换代计划；根据产业链分工情况，调查公司是否将营运环节交给利益相关者，如有，阐明其合作关系或商业联盟关系以及风险利益分配机制；重要资本投资项目（如规模化生产、重要设备投资等）的投资流程，包括投资决策机制、可行性和投资回报分析等；其他体现所处行业或业态特征的业务环节。
了解公司基于报告期内的生产经营状况，在可预见的将来，是否有能力按照既定目标持续经营下去。	第一，通过了解公司业务在报告期内是否有持续的营运记录，判断是否存在偶发性交易或事项。营运记录包括现金流量、营业收入、交易客户、研发费用支出等。第二，根据《中国注册会计师审计准则第 1324 号——持续经营》中列举的影响企业持续经营能力的相关事项，判断企业是否具备持续经营能力。在财务方面，净资产为负或营运资金出现负数；定期借款即将到期，但预期不能展期或偿还，或过度依赖短期借款为长期资产筹资；存在债权人撤销财务支持的迹象；历史财务报表或预测性财务报表表明经营活动产生的现金流量净额为负数；关键财务比率不佳；发生重大经营亏损或用以产生现金流量的资产的价值出现大幅下跌；拖欠或停止发放股利；在到期日无法偿还债务；无法履行借款合同的条款；与供应商由赊购变为货到付款；无法获得开发必要的新产品或进行其他必要的投资所需的资金。在经营方面，管理层计划清算被审计单位或终止经营；关键管理人员离职且无人替代；失去主要市场、关键客户、特许权、执照或主要供应商；出现用工困难问题；重要供应短缺；出现成功的竞争者。在其他方面，违反有关资本或其他法定要求；未决诉讼或监管程序，可能导致其无法支付索赔金额；法律、法规或政府政策的变化预期会产生不利影响；对发生的灾害未购买保险或保额不足。

续表

财务关键点	财务总监实务
了解公司是否不存在依据《公司法》第一百八十一条规定解散的情形，或法院依法受理重整、和解或者破产申请。	—

“公司治理机制健全，合法规范经营”的财务关键点

“公司治理机制健全，合法规范经营”是全国股转系统要求的新三板挂牌企业条件之一。对此，财务总监需要注意以下关键点，如表3－3所示。

表3－3 “公司治理机制健全，合法规范经营”的财务关键点与财务总监实务

财务关键点	财务总监实务
公司是否已建立股东大会、董事会、监事会和高级管理层（以下简称“三会一层”）组成的公司治理架构，并按照《公司法》《非上市公众公司监督管理办法》及《非上市公众公司监管指引第3号——章程必备条款》等规定建立公司治理制度。	—
公司“三会一层”是否按照公司治理制度进行规范运作。在报告期内的有限公司阶段应遵守《公司法》的相关规定。	—

续表

财务关键点	财务总监实务
现任董事、监事和高级管理人员是否具备和遵守《公司法》规定的任职资格和义务，不应存在最近24个月内受到中国证监会行政处罚或者被采取证券市场禁入措施的情形。	—
公司报告期内是否存在股东包括控股股东、实际控制人及其关联方占用公司资金、资产或其他资源的情形。如有，应在申请挂牌前予以归还或规范。	—
公司是否设有独立财务部门进行独立的财务会计核算，相关会计政策是否能如实反映企业财务状况、经营成果和现金流量。	—
财务总监还应特别关注有无因股权集中而导致的管理层凌驾于内控制度之上的风险。如有，应作为特别风险应对。	—
公司的是否存在重大违法违规行为。公司最近24个月内因违犯国家法律、行政法规、规章的行为，受到刑事处罚或适用重大违法违规情形的行政处罚。	第一，行政处罚是指经济管理部门对涉及公司经营活动的违法违规行为给予的行政处罚。第二，重大违法违规情形，是指凡被行政处罚的实施机关给予没收违法所得、没收非法财物以上行政处罚的行为，属于重大违法违规情形，但处罚机关依法认定不属于的除外；被行政处罚的实施机关给予罚款的行为，除主办券商和律师能依法合理说明或处罚机关认定该行为不属于重大违法违规行为的外，都视为重大违法违规情形。第三，公司最近24个月内不存在涉嫌犯罪被司法机关立案侦查，尚未有明确结论意见的情形。

续表

财务关键点	财务总监实务
控股股东、实际控制人是否合法合规。最近24个月内不存在涉及以下情形的重大违法违规行为。	第一，控股股东、实际控制人受刑事处罚。第二，受到与公司规范经营相关的行政处罚，且情节严重；情节严重的界定参照前述规定。第三，涉嫌犯罪被司法机关立案侦查，尚未有明确结论意见。
新三板公司的内部控制制度是否健全且被有效执行。	第一，关注内部控制制度的具体标准设定是否健全。尤其在责任控制、业务处理程序、内部牵制、会计控制、内部审计等方面是否制定了合理、可行的规章制度；确保业务记录与会计记录有钩稽关系，定期核对和监督制度健全，业务记录系统完整，业务授权和执行分工明确。第二，审查内控制度的执行情况，检查内控制度是否在实际工作中得到了贯彻执行。新三板公司股权集中，可能少数人控制生产管理和经营决策，行为处事具有暗箱操作的可能，常常导致内控制度流于形式，不能有效执行。第三，对于组织分散经营的企业，关注是否形成有效的内部控制机制。第四，对财务负责人和核心技术人员更替频率高的企业，关注人员变动对内控的影响。第五，特别关注资金管理，尤其是公司与股东或关联方的资金往来的真实性和交易背景。包括：公司有无完善的资金管理制度；是否设置独立的财务部门，在银行独立开户；个人股东与公司的资产、

续表

财务关键点	财务总监实务
	财务收支是否分开；资金是否被控股股东、实际控制人及其控制的其他企业，以借款、代偿债务、代垫款项以及其他方式占用的现象。第六，关注对外担保的审批权限和审议程序，是否存在为控股股东、实际控制人及其控制的其他企业进行违规担保的情形。

“股权明晰，股票发行和转让行为合法合规”的财务关键点

“股权出资股权明晰，股票发行和转让行为合法合规”是全国股转系统要求的新三板挂牌企业条件之一。对此，财务总监需要注意以下关键点，如表 3 – 4 所示。

表 3 – 4 “股权出资股权明晰，股票发行和转让行为合法合规”的财务关键点与财务总监实务

财务关键点	财务总监实务
关注公司股东和出资是否符合《公司法》及其他相关法律法规的规定，关注公司设立的主体、程序合法、合规，股本结构设置是否存在潜在纠纷，有无用公司资产再出资的行为。	第一，国有企业须提供相应的国有资产监督管理机构或国务院、地方政府授权的其他部门、机构关于国有股权设置的批复文件。第二，外商投资企业须提供商务主管部门出具的设立批复文件。第三，《公司法》修改（2006 年 1 月 1 日）前设立的股份公司，须取得国务院授权部门或者省级人民政府的批准文件。
关注公司股东的出资合法、合规性，出资方式及比例应符合《公司法》相关规定。	第一，以实物、知识产权、土地使用权等非货币财产出资的，应当评估作价，核实财产，明确权属，财产权转移手续办理完毕。第二，以

续表

财务关键点	财务总监实务
	国有资产出资的，应遵守有关国有资产评估的规定。第三，公司注册资本缴足，不存在出资不实情形。
有限责任公司改制成股份有限公司的，关注净资产折股是否符合相关规定，计算是否正确。	有限责任公司按原账面净资产值折股整体变更为股份有限公司的，存续时间可以从有限责任公司成立之日起计算。整体变更不应改变历史成本计价原则，不应根据资产评估结果进行账务调整，应以改制基准日经审计的净资产额为依据折合为股份有限公司股本。申报财务报表最近一期截止日不得早于改制基准日。
公司的股票发行和转让是否依法履行必要内部决议、外部审批（如有）程序，股票转让须符合限售的规定。	第一，公司股票发行和转让行为合法合规，不存在下列情形：一是最近36个月内未经法定机关核准，擅自公开或者变相公开发行过证券；二是违法行为虽然发生在36个月前，目前仍处于持续状态，但《非上市公众公司监督管理办法》实施前形成的股东超200人的股份有限公司经中国证监会确认的除外。第二，公司股票限售安排对是否符合《公司法》和《全国中小企业股份转让系统业务规则（试行）》的有关规定。
集体资产转让给个人的，关注是否得到原来集体人员的一致同意，并亲笔签名，律师鉴证，不存在潜在的纠纷。	—
集体资产量化或奖励给个人的，关注集体资产量化或奖励给个人的合法性，上报时应提供省级政府出具的确认文件。	—

续表

财务关键点	财务总监实务
国有资产转让给个人的，关注转让价格的确认情况，是否履行了评估确认手续，转让行为是否经有权的国有资产管理部门的批准，转让款的来源及支付情况。	—
在区域股权市场及其他交易市场进行权益转让的公司，申请股票在全国股份转让系统挂牌前的发行和转让等行为是否合法合规。	—
公司的控股子公司或纳入合并报表的其他企业的发行和转让行为是否符合《全国中小企业股份转让系统股票挂牌条件适用基本标准指引（试行）》的规定。	—

公司主要资产状况的财务关键点

在公司主要资产状况方面，财务总监须关注的关键点，如表3－5所示。

表3－5　公司主要资产状况的财务关键点与财务总监实务

财务关键点	财务总监实务
公司资产是否独立于股东和实际控制人。	—
主要资产权属是否清晰；是否取得合法手续；是否存在重大权属纠纷。	—
产权证明是否完善。关注重组、股东投资、资产交换、以物抵债、接受捐赠等取得的资产是否已办理过户手续。	—
资产是否完整，关注有无账外资产或股东占用资产、公私混用的情形。	—
公司的重要资产不存在质押等限制性条件，没有因法律诉讼等重大争议、潜在纠纷等不确定因素。	—

续表

财务关键点	财务总监实务
关注商标和专利权。公司是否拥有与主营业务相关的商标、专利、非专利技术所有权。	—
特别需要关注的土地问题。	第一，以前划拨地未入账，改制时应办为出让地。第二，集体土地问题，当地是否允许集体土地流转，如允许，核查相关规定，看是否履行了相关规定。
关注公司对无形资产的核算是否正确。对使用寿命不确定的，关注判断是否恰当。	第一，没有明确的合同或法律规定的无形资产，如永久性特许经营权和非专利技术等。要谨慎判断使用期限。应综合各方面情况，如聘请相关专家进行论证或与同行业的情况进行比较以及企业的历史经验。第二，对于划分为使用寿命不确定的无形资产，在持有期间内不需要摊销，如果期末重新复核后仍为不确定的，应当在每个会计期间进行减值测试。同时，应当在财务报表附注中说明该无形资产的有关情况，包括是否具有合同或法律规定、能否自市场上取得相关信息等。

同业竞争和关联交易的财务关键点

在同业竞争和关联交易方面，财务总监须关注的关键点，如表3－6所示。

表3－6　同业竞争和关联交易的财务关键点与财务总监实务

财务关键点	财务总监实务
关注公司业务是否独立，与控股股东、实际控制人及其控制的其他企业是否存在同业竞争。	第一，通过询问公司控股股东、实际控制人，查阅营业执照，实地走访生产或销售部门等方式，调查公司控股股东、实际控制人及其控制的其他企业的业务范围，从业务性质、客户对象、可替代性、市场差别等方面来判断是否与公司从事相同、相似业务，从而构成同业竞争。第二，对存在同业竞争的，要求公司就其合理性做出解释，并了解公司为避免同业竞争采取的措施以及做出的承诺。
关联方界定是否全面，从严把握。	第一，创新型企业的关键管理人员包括核心技术人员。第二，下列情形之一的法人或自然人，视为公司的关联人：一是与公司或其关联人签署协议或做出安排，在协议或安排生效后，或在未来12个月内，成为公司的关联法人或自然人的；二是过去12个月内，曾经是公司的关联法人或自然人的。

续表

财务关键点	财务总监实务
关注关联交易金额和比例的问题。	第一，与控股股东及其全资或控股企业，在产品销售或原材料采购方面的交易额，占主营业务收入或外购原材料金额的比例，分析是否存在影响公司独立性的重大或频繁的关联方交易，如果金额和比例大，说明公司直接面向市场独立经营的能力较差。第二，在业务独立性方面，通过查阅公司组织结构文件，结合公司的生产、采购和销售记录考察公司的产、供、销系统，分析公司是否具有完整的业务流程、独立的生产经营场所以及供应、销售部门和渠道，通过计算公司的关联采购额和关联销售额分别占公司当期采购总额和销售总额的比例，分析是否存在影响公司独立性的重大或频繁的关联方交易，以判断公司业务独立性。第三，以承包、委托经营、租赁或其他类似方式，依赖控股股东及其全资或控股企业的资产进行生产经营所产生的收入占其主营业务收入的比例。如果金额和比例大，说明公司缺乏开展生产经营所必备的资产。
关注关联交易定价是否公允，未支付对价的也应关注。	—
关注公司是否完整披露关联方关系和交易信息。	—

内部研究开发费用确认和计量的财务关键点

新三板公司多为新兴的中小高科技企业，内部研究开发费用占收入的比重较高，金额一般很大；同时，新技术、新产品的研究开发有很多不确定性，且技术更新、产品换代的周期越来越短，新技术、新产品将很快面临被淘汰的境遇，因此财务总监须关注以下关键点，如表 3－7 所示。

表 3－7　内部研究开发费用的确认和计量的财务关键点与财务总监实务

财务关键点	财务总监实务
关注资本化条件和依据。	第一，研究阶段和开发阶段界定时点是否合理，研究阶段支出全部费用化。第二，开发阶段的支出资本化，是否同时满足五个条件，必须同时满足才能资本化，否则费用化。第三，如果确实无法区分研究阶段的支出和开发阶段的支出，应将其所发生的研发支出全部费用化。
关注资本化的支出范围。	第一，可直接归属于该资产成本的，开发该无形资产时耗费的材料、劳务成本、注册费、在开发该无形资产过程中使用的其他专利权和特许权的摊销，按照《企业会计准则第17号借款费用》规定的资本化利息支出，以及为使该无形资产达到预定用途前所发生的其他费用。第二，在开发无形资产过程中发生的，除上述可直接归属于无形资产开发活动的其他销售费用、管理费用等间接费用、无形资产达到预定用途

续表

财务关键点	财务总监实务
	前发生的可辨认的无效和初始运作损失、为运行该无形资产发生的培训支出等不得资本化，直接计入当期损益。第三，仅包括在满足资本化条件的时点至无形资产达到预定用途前发生的支出总和，对于同一项无形资产在开发过程中达到资本化条件之前已经费用化计入损益的支出不再进行调整。
关注两个关键的时间点。	第一，进入开发阶段的时点。实务中更注重技术上的可行性和未来经济利益的流入，如果未来经济利益的流入不能抵偿成本，一般不予资本化。如制药行业，一般以取得国家药监局《临床试验批件》之后界定为开发阶段；网游行业，一般以技术具有可行性确定的日期之后界定为开发阶段（如游戏设计的文件的公测）。第二，开发完成的时点。实务中一般以新技术获得证书，或无证书的，以公开发布、投入市场等作为开发阶段的结束。如制药行业，一般以获得新药证书作为开发阶段的结束（如安永华明审计的三九医药）；网游企业，一般以游戏发布日期作为开发阶段的结束。如巨人网络（安永审计）、盛大网络、完美时空（普华审计）。

确认新商业模式下的收入财务关键点

创新型企业既涉及所提供的商品或者服务本身的创新，又涉及经营运作模式的创新，即采用了一些非传统的经营运作模式。创新型企业诸多特点导致其收入确认方法、确认时点与传统行业可能有所不同，需要财务总监做出灵活的专业判断，首先必须关注以下几个财务关键点，如表3－8所示。

表3－8　确认新商业模式下的收入财务关键点与财务总监实务

财务关键点	财务总监实务
更多地站在投资者视角去关注企业财务指标。	作为一个财务管理者，财务总监不仅要从企业角度去关心企业财务状况，还要帮助企业更多地从投资者角度去提供财务管理信息。投资者最关注企业的商业模式及其独特性，因此，财务管理者要从财务角度去了解不同商业模式的财务表现、这种商业模式和独特能力所需要的投入和产出，以及哪些指标会影响到公司的估值及影响程度。
关注未来财务指标。	由于互联网更加关注企业成长性，因此，财务指标也是企业最关键的成长指标。这些指标的驱动因素也成为财务管理的重点。对创业企业成长性的判断要从增长速度、增长质量、增长的驱动因素三个方面进行衡量，对于每个成长性指标，都应该有明确的认识。

续表

财务关键点	财务总监实务
关注数据及时性。	为了更快地适应环境，就要提高数据的及时性，不能以月甚至以季度为单位进行反馈，同时还需要利用好互联网和信息化手段，要做到每天跟踪关键财务数据的变化，做到实时反映经营情况是否按照预期的方向发展。
关注业务数据与财务数据的结合。	财务与业务数据相结合，要通过模型方式，将业务驱动因素与财务结果相结合，把关键业务指标与关键财务指标做好关联，既要判断业务发展如何影响财务指标，也要明确财务条件对业务发展的约束。

税务问题的财务关键点

新三板企业在挂牌前后涉及的税务问题，通常有发票问题、个人股东盈余公积、未分配利润转增股本未缴纳个人所得税的问题等。对此，财务总监要发现问题及其根源所在，并采取相应的对策，如表3-9所示。

表3-9　税务问题财务关键点及问题与对策

事项	问题	对策
发票	发票无小事，无论是“股改”过程中发现不合规发票入账的历史遗留问题还是在挂牌后出现的发票问题，都有可能招致“行政处罚”甚至是“刑事处罚”，尤其是营改增后，增值税专用发票引发的“刑事风险”无论对公司高管还是公司本身，都具有不可估计的破坏力。	加强公司内部发票的规范性管理，尤其在开具、接收过程中，严格按照发票管理的程序，重点审核“账”“票”的一致性。

续表

事项	问题	对策
个人股东盈余公积、未分配利润转增股本未缴纳个人所得税	“股改”过程中，个人股东将累积的盈余公积、未分配利润转增股本，未按照规定缴纳个人所得税。	按照税法规定，该情形下应视同进行利润分配，需要按照20%的税率缴纳个人所得税。
个人以非货币性资产投资未缴纳个人所得税	个人股东以无形资产等非货币性资产投资入股，没有缴纳个人所得税，且已经按照一定年限对无形资产进行了摊销。	根据《关于个人非货币性资产投资有关个人所得税政策的通知》（财税〔2015〕41号），个人以非货币性资产投资，属于个人转让非货币性资产和投资同时发生。对个人转让非货币性资产的所得，应按照“财产转让所得”项目，依法计算缴纳个人所得税。个人以非货币性资产投资，应按评估后的公允价值确认非货币性资产转让收入。非货币性资产转让收入减除该资产原值及合理税费后的余额为应纳税所得额。
特殊性税务处理未进行备案	企业在进行重组中，适用了特殊性的税务处理，却没有按照规定到主管机关进行备案。	选择特殊税务处理应按《关于企业重组业务企业所得税处理若干问题的通知》（财税〔2009〕59号）第十一条规定备案；如企业重组各方需要税务机关确认，可以选择由重组主导方向税务机关申请，层报省级税务机关确认。
整体改制中的契税、营业税、土地增值税问题	企业在整体改制中，涉及大量资产的转让行为，没有按照税法规定缴纳相应的契税、营业税、土地增值税等。	依照税法规定，纳税人在资产重组过程中，通过合并、分立、出售、置换等方式，将全部或者部分实物资产以及与其相关联的债权、债务和劳动力一并转让给其他单位和个人的行为，不属于营业税征收范围，其中涉及的不动产、土地使用权转让，不征收营业税。根据《关于企业改制重组有关土地增值税政策的通知》（财税〔2015〕5号），符合条件的四种情况暂不征收土地增值税。

续表

事项	问题	对策
消除同业竞争，未进行税务注销	企业挂牌新三板前，为了消除同业竞争问题，对部分项目公司进行了注销，却没有进行税务注销。	企业应该按照规定，及时进行税务注销，进而进行工商注销，从法律上消灭主体资格。
税收迁移问题	企业为了享受区域性的税收优惠，实施了税收迁移，但是企业法人营业执照、实际办公地址、税务登记证存在不一致的情形。	企业应该尽快按照工商、税务部门的要求，实现营业执照、税务登记等的一致性。
税务优惠资格存疑	企业取得税收优惠资格（如高新技术企业等）后，管理不规范，没有按规定提交相应的备案等材料。	挂牌前，企业已经取得的税收优惠资格，如高新技术企业、双软企业等，应该符合国家相关法律、文件的要求，获得相应的批准，进行备案，以保证税收优惠资格的有效性。
存在欠税问题	挂牌前，公司存在欠缴税款行为。	及时申报缴纳税款是企业应尽的义务，如果企业因为特定的原因不能及时缴纳税款，可以按照规定申请延期缴纳税款，否则，会受到相应的行政制裁，并成为挂牌新三板的障碍。
存在补税行为	部分企业挂牌前为了提高的账面利润，调增利润，从而补交税款，还有因为会计差错补交税款。	企业挂牌前补交大量税款，需要有合理的说明，否则会构成挂牌新三板的障碍因素。而对于因会计差错，补交少量的税款，一般不会影响新三板挂牌。

续表

事项	问题	对策
存在偷逃税行为	公司在以往的经营过程中存在偷逃税的行为。	具有主观故意的偷逃税行为，会构成新三板审核中的实质性障碍，应避免偷逃税的发生。
因涉税事项被税务机关处罚	企业因为违反相关税法规定，被税务机关行政处罚。	应判断处罚行为是否构成重大违法违规行为，具体需要结合主观方面、涉案的金额等作出判断，由律师出具法律意见书，税务机关出具证明。
其他涉嫌税收重大违法违规行为	因其他涉税事项受到税务机关的行政处罚。	需要结合具体的情形，做出是否构成重大违法违规的判断，并由律师出具法律意见，税务机关出具证明材料。
股权代持税务问题	基于特定的原因，公司存在代持股的情形。	在不构成经营障碍的前提下，应做到股权的实名制，如果客观上需要代持股，代持股协议应明确双方的权利义务，代持人应该按照规定依法缴纳税款。
股权激励涉税事项不合规	股权激励计划中，没有按照税法规定缴纳代扣代缴个人所得税，或者实施了过于激进的税务筹划方案。	依据目前我国税收政策，股权激励应适用个人所得税“工资薪金”的税目，公司应代扣代缴个人所得税。
税务筹划方案激进	公司在经营过程中，税务筹划方案缺少合理商业目的，过于激进。	税务筹划需要有相应的商业目的，需要有相应的证明材料，否则会按照实质课税的原则而被纳税调整。

续表

事项	问题	对策
未进行股权及税务架构设计	投资者由于没有事前进行税务架构的优化，而在投资退出时，缴纳了25%的企业所得税，以及20%的个人所得税。	我国为了发展中西部地区经济，鼓励产业转移，国家及省、市、县各层面已经出台了许多税收优惠政策和财政补贴政策，公司可以事前优化税务架构，以降低经营尤其是投资退出的税负。
个人股东股权转让未及时申报缴纳个人所得税	公司个人股东发生的股转转让等行为，没有按照税法的规定及时缴纳个人所得税。	2014年12月7日，国家税务总局发布了《股权转让所得个人所得税管理办法(试行)》(国税总局公告2014年第67号)并自2015年1月1日起施行。按照该办法规定，当股权转让协议签订生效后，纳税义务即产生，而无论此时是否已经收到股权转让款。此时，扣缴义务人和纳税人应当在次月15日内向主管机关申报纳税。
股权转让印花税	企业或个人转让股权未按照要求缴纳印花税。	与企业股东的处理一致，自2014年6月1日起，在全国中小企业股份转让系统买卖、继承、赠予股票所书立的股权转让书据，依书立时实际成交金额，由出让方按1‰的税率计算缴纳证券（股票）交易印花税。

第四章　新三板财务尽职调查实务

尽管造成财务尽职调查失败这一恶果的原因是多方面的，但细究其因即可发现，主要原因是尽职调查人员未能勤勉尽责。为有效防范上市风险，要充分发挥财务尽职调查的功能和作用。新三板公司的财务尽职调查是财务总监的一项重要工作，直接影响公司挂牌上市的成败。因此，财务总监要充分发挥自身职能，敦促财务人员了解并掌握尽职调查的内容、方法和关注点。

新三板上市财务尽职调查的意义

通常意义上所说的尽职调查，又称为审慎性调查。随着投资并购浪潮的持续涌动，财务尽职调查的功能和作用得到了越来越多的企业在理念上的接受和认可。在整个尽职调查体系中，财务尽职调查主要是指由财务专业人员针对企业中与投资有关的财务状况进行审阅、分析等调查内容，工作难度和质量要求都很高。财务尽职调查做得越细致，投入的人力、财力和时间越多，对各种可能的风险就会了解得越清楚。

企业挂牌新三板对财务总监而言不仅仅是财务活动，更要熟练掌握获取资金的各类技术手段，学会建立及维护投资者关系。因此，从挂牌上市的角度来说，财务总监是一个商业交易者。事实上，公司对接资本市场进行投融资，这也使财务总监活跃于资本市场。因此，掌握尽职调查及资本运作不仅是财务总监必备的财务技能，同时对变革管理、项目管理乃至财务转型都有一定的了解。

尽职调查的目的

尽职调查的目的就是要搞清楚以下问题，如表4－1所示。

表4－1 尽职调查的目的

序号	内容
1	他是谁？即交易对手实际控制人的底细和管理团队。
2	他在做什么？即产品或服务的类别和市场竞争力。
3	他做得如何？即经营数据和财务数据收集，尤其是财务报表反映的财务状况、经营成果、现金流量及纵向、横向（同业）比较。
4	别人如何看？包括银行同业和竞争对手的态度。
5	我们如何做？在了解客户的基础上进行客户价值分析，用经验和获得的信息设计授信方案和控制措施，把交流变成可行的交易。

简言之，尽职调查的目的就是做好股东背景和管控结构、行业和产品、经营和财务数据、同业态度的调查，然后提出可行的具体做法。

尽职调查的意义

在企业的投资、并购等资本运作流程中，财务尽职调查既是投资及整合方案设计、交易谈判、投资决策不可或缺的前提，也是判断投资是否符合战略目标及投资原则的基础。尽职调查对了解目标企业资产负债、内部控制、经营管理的真实情况，充分揭示其财务风险或危机，分析盈利能力、现金流、预测目标企业未来前景起到了重大作用。

尽职调查的意义主要体现在以下几个方面，如表 4－2 所示。

表 4－2　尽职调查的意义

序号	意义
1	能充分揭示财务风险或危机。
2	分析企业盈利能力、现金流，预测企业未来前景。
3	了解资产负债、内部控制、经营管理的真实情况，是投资决策不可或缺的基础。
4	判断投资是否符合战略目标及投资原则。

财务人员尽职调查的三个阶段

财务人员尽职调查一般要经过三个阶段，即摸底阶段、改制阶段和实质阶段。因项目差异，部分阶段在实践中可能会合并进行。

尽职调查第一阶段：摸底阶段（耗时约 1 周）

在协议签订后介入，该阶段的目的是对拟挂牌主体的财务状况进行摸底，为改制做准备。对报告期财务报表的所有科目进行查看，大致了解其核算内容及核算的规范性，并重点关注以下问题：收入确认原则、成本结转方法、存货核算情况、注册资本真实性、关联方及关联交易、税务情况、内控情况。

尽职调查第二阶段：改制阶段（耗时约 1 周）

在改制审计报告出具前介入，该阶段目的是核实摸底阶段所发现的重大问题在改制前是否已经解决，确保改制审计报告出具时不存在重大原则性问题。

尽职调查第三阶段：实质阶段（耗时约1周至2周）

在股份公司成立后介入，该阶段的目的是按照尽职调查指引的要求，在审计的基础上，对公司财务状况进行详细调查，制作备案文件核心材料（尽职调查底稿、尽职调查报告、股份报价转让说明书）。

财务人员尽职调查的主要内容

尽职调查的目的是使买方尽可能地发现有关他们要购买股份或资产的全部情况。一旦通过尽职调查明确了存在哪些风险和法律问题，买卖双方便可以就相关风险和义务应由哪方承担进行谈判。为此，财务总监在尽职调查实务中，应注意对内部控制制度、公司财务风险、公司会计政策稳健性、公司持续经营能力、公司治理、公司合法合规事项等问题的调查。

内部控制制度调查

内部控制制度调查包括如下内容，如表4－3所示。

表4－3　内部控制制度调查的内容

事项	内容范围与实操要领
控制环境调查	董事会是否负责批准并定期审查公司的经营战略和重大决策，确定经营风险的可接受水平；高级管理人员是否执行董事会批准的战略和政策，以及高级管理人员和董事会间的责任、授权和报告关系是否明确；管理层是否促使公司员工了解公司的内部控制制度并在其中发挥作用。

续表

事项	内容范围与实操要领
风险识别与评估	管理层为识别和评估对公司实现整体目标有负面影响的风险因素所建立的制度或采取的措施以及风险识别与评估体系的有效性。
控制活动与措施	业务流程和其中的控制措施，包括授权与审批、复核与查证、业务规程与操作程序、岗位权限与职责分工、相互独立与制衡、应急与预防等内部控制措施是否有效实施。
信息沟通与反馈	公司是否建立了能够涵盖公司的全部重要活动、并对内部和外部的信息进行收集和整理的有效信息系统；公司是否建立了有效的信息沟通和反馈渠道，确保员工能通过其充分理解和坚持公司政策和程序，并保证相关信息能够传达到应被传达到的人员。
内部控制制度的充分性	公司现有内部控制制度对合理保证遵守现行法律法规公司经营的效率和效果、财务报告的可靠性是否充分，是否存在内部控制制度缺陷及其可能导致的财务和经营风险。
监督与评价	公司对内部控制活动与措施的监督和评价及其有效性。

公司财务风险调查

公司财务风险调查包括如下内容，如表4－4所示。

表4－4　公司财务风险调查的内容

事项	内容范围与实操要领
主要财务指标及相关财务风险	公司盈利能力；公司长短期偿债能力；公司营运能力；获取现金能力；较大偏离同行业公司平均水平的财务指标或有较大变动的各项财务指标及相关会计项目；应收账款余额及其变动是否合理；大额应收账款的真实性、收回可能性及潜在的风险；大额其他应收款的真实性、收回可能性及潜在的风险；应收账款和其他应收款账龄的合理性、账龄较长应收款项的形成原因及公司采取的措施、是否按规定提取坏账准备；原材料、在产品、产成品比例是否合理；存货的真实性和完整性；存货账龄的合理性、账龄较长的存货的形成原因及公司采取的措施、是否按规定提取存货跌价准备。

续表

事项	内容范围与实操要领
关联方、关联方关系及关联方交易	公司的关联方及关联方关系；关联方交易决策是否按照公司章程或其他规定履行了必要的审批程序；关联方交易定价是否公允，与市场独立第三方价格是否有较大差异；关联方交易产生的利润占公司利润总额的比例是否较高；是否存在关联方关系非关联化的情况等。
收入、成本、费用的配比性	收入与成本、费用，成本、费用与相关资产摊销等财务数据之间的配比或钩稽关系是否合理；明显缺乏合理的配比或钩稽关系的收入与成本、费用，成本、费用与相关资产摊销等财务数据（如有）。
非经常性损益的真实性与准确性	非经常性损益的真实性与准确性；非经常性损益对公司财务状况及经营成果的影响。
注册会计师对公司财务报告的审计意见	注册会计师对公司财务报告出具的审计意见；公司董事会和监事会对带强调事项段的无保留意见或保留意见审计报告涉及事项处理情况的说明，及涉及事项对公司的影响是否重大、影响是否已经消除、违反公允性的事项是否已纠正（如有）。
最近两年更换会计师事务所情况	更换会计师事务所的原因、履行审批程序情况、前后任会计师事务所专业意见情况等（如最近两年更换会计师事务所）。

公司会计政策稳健性调查

公司会计政策稳健性调查包括如下内容，如表4－5所示。

表 4-5　公司会计政策稳健性调查的内容

事项	内容范围与实操要领
资产减值准备会计政策	各项资产减值准备的计提方法是否符合会计制度和会计准则的相关规定，依据是否充分，比例是否合理；资产减值准备的计提情况是否与资产质量状况相符；资产减值准备的计提、冲销和转回等是否履行了必要的审批程序，计提方法和比例是否随意变更，金额是否异常，是否存在利用资产减值准备调节利润的情形。
投资会计政策	公司投资的评估和决策程序、管理层对投资风险及其控制的态度；委托理财等风险较大的投资项目；公司长短期投资的计价及收益确认方法、长期股权投资差额的摊销方法和期限、长期债权投资溢价或折价的摊销方法等是否符合会计制度和会计准则的相关规定；对纳入合并报表范围子公司的投资核算方法是否恰当；子公司财务状况的重要方面及财务报表信息的真实性。
固定资产和折旧会计政策	固定资产的计价政策、折旧方法、使用年限和残值率的估计等是否符合会计制度和会计准则的相关规定及其合理性；固定资产的构成及状况；固定资产是否面临淘汰、更新、大修、技术升级等情况，及其对公司持续经营能力和经营业绩的影响程度；购建、处置固定资产等是否履行了必要的审批程序，手续是否齐全。
无形资产会计政策	无形资产的计价政策、摊销方法、摊销年限等是否符合会计制度和会计准则的相关规定及其合理性；股东投入的无形资产的入账价值是否有充分依据，投资方取得无形资产的方式是否合法；购买的无形资产的出售方与公司是否存在关联关系，定价是否合理；自行开发的无形资产的确认时间和价值是否符合会计制度和会计准则的相关规定；处置无形资产是否履行了必要的审批程序，手续是否齐全；当预计某项无形资产已经不能带来未来经济效益时，关注公司是否已将该项无形资产的账面价值予以转销。
收入确认会计政策	公司的收入确认是否符合会计制度和会计准则的相关规定，是否有提前或延迟确认收入或虚计收入的情况；收入是否存在异常变动或重大变动及其原因；销售模式对公司收入确认的影响及是否存在异常。
费用项目会计政策	广告费的确认时间和价值，是否符合会计制度和会计准则的相关规定；是否存在将研发费用资本化的不合理情况；等等。

续表

事项	内容范围与实操要领
合并会计报表政策	公司与其子公司的股权关系，合并范围的确定是否合理，尽职调查所涵盖期间内合并范围的变动情况；公司与其子公司会计期间和会计政策是否一致及不一致时的处理是否符合相关规定；合并抵销的内容和结果是否准确。

公司持续经营能力调查

公司持续经营能力调查包括如下内容，如表4－6所示。

表4－6　公司持续经营能力调查的内容

事项	内容范围与实操要领
主营业务及经营模式	公司主营业务在经营性业务中的地位；公司的经营模式，公司商业模式、销售模式、盈利模式，采用该种模式的主要风险及对未来的影响；经营模式转型情况（如最近两年内已经或未来将发生经营模式转型）。
业务发展目标	公司未来两年业务发展目标、发展计划，业务发展目标是否与现有主营业务一致；公司业务发展目标对公司持续经营的影响。
所属行业情况及市场竞争状况	公司所处行业基本情况；公司面临的主要竞争状况；公司在行业中的竞争地位；自身竞争优势及列示；财务的竞争策略和应对措施。
对客户和供应商的依赖程度、技术优势和研发能力	公司主要客户及供应商情况，公司对客户和供应商的依赖程度及存在的经营风险；公司的技术优势；公司研发能力。

公司治理调查

总体来说，该调查包括：公司治理机制的建立情况；公司治理机制的执行情况；股东出资情况；公司的独立性；公司与控股股东、实际控制人及其控制的其他企业是否存在同业竞争；对外担保、重大投资、委托理财、关联交易等重要事项的决策和执行情况；管理层及核心技术人员的持股情况；管理层的诚信情况。

公司合法合规事项调查

公司合法合规事项调查包括：最近两年是否存在重大违法违规行为；最近两年股权变动的合法合规性以及股本总额和股东结构是否发生变化；股份是否存在转让限制；主要财产的合法性，是否存在法律纠纷或潜在纠纷以及其他争议；重大债务；纳税情况；环境保护和产品质量、技术标准是否符合相关要求；是否存在重大诉讼、仲裁及未决诉讼、仲裁情况。

财务人员尽职调查的方法

尽职调查的基本方法有书面审查法、问卷法、访谈法、实地考察法等。财务人员的尽职调查除了掌握这些基本方法外，还有一些新的内容。同时，在实践中也有些事项需要注意。

财务人员尽职调查的方法

财务人员尽职调查的方法包括收入调查、成本结转、存货核算、实收资本、关联方关系、税务情况、内部控制，如表 4 –7 所示。

表 4 –7　财务人员尽职调查的方法

方法	运用
收入调查	了解公司业务流程；获取合同台账，抽查大额业务合同；根据业务流程及合同判断收入确认原则；公司实际收入原则。
成本结转	公司成本结转方法；成本结转与收入确认是否配比；报告期毛利率波动情况尽职调查方法。
存货核算	是否有数量金额账；原材料入库是否有发票支持；产成品出库与销售数量是否相符；期末账实是否相符。

续表

方法	运用
实收资本	货币出资是否到位；无形资产出资的作价依据，是否有投入生产，产品收益是否符合评估预期；有形资产出资是否有发票，发票抬头是否为出资人，资产是否投入公司，资产目前状况，需办理过户的是否已办理权属变更尽职调查方法。
关联方关系	获取公司股权结构图；在当地工商局网站检索法定代表人信息、公司商号信息，对法定代表人或商号相同的公司，应向公司询问是否存在关联关系；对与公司存在非经营性往来、重大交易且价格异常的客户，在工商局网站检索公司信息，向公司询问是否存在关联关系；判断公司关联方，并通过互联网、工商档案等了解关联方的情况。
税务情况	账面收入是否及时申报；税收优惠情况；税务稽查情况。
内部控制	主要是与财务报告密切相关业务循环，如采购、销售、生产、日常财务管理等，是否建立完善的业务流程、辅导改制机制。

财务人员尽职调查报告的注意事项

财务人员在做尽职调查的过程中，有以下事项需要注意，如表4－8所示。

表4－8　财务人员尽职调查的注意事项

序号	内容
1	财务尽职调查后应提交书面报告。
2	负责财务尽职调查的部门必须建立质量控制程序，财务尽职调查报告完成后必须按质量控制程序进行审核，最终由部门主管批准后方可以报送项目组。
3	报告总结（结论）须经项目组讨论通过，如存在不同意见，财务尽职调查报告也应向决策者汇报。

尽职调查的重点关注点

在尽职调查过程中，有几个关注点需要注意到，如业务、财务、法律、人力资源等。

业务关注点

业务方面的关注点有三个，如表4-9所示。

表4-9 业务关注点

序号	内容
1	行业/企业的业务模型、盈利模式。
2	标的企业的竞争优势。
3	协同效应，以及未来潜在的整合成本和整合风险。

提醒：第一，在做企业尽职调查时，可以以估值模型为线索进行调查；第二，一定不要忽视目标公司董事会的会议记录以及决策等法律文件，里面会包含公司业务的信息，特别是公司战略。

财务关注点

财务方面的关注点有五个，如表 4-10 所示。

表 4-10　财务关注点

序号	内容
1	历史数据的真实性、可靠性。
2	预测财务数据偏于保守还是偏于乐观？预测的依据是什么？
3	是否有表外负债？
4	内控制度的健全性（审计师的内控审计报告）。
5	税务问题（除公司自身税务情况外，还需关注收购方案所涉及的税务问题）。

提醒：在做财务尽职调查时，需与审计师充分沟通，并且与业务尽职调查紧密联系。

法律关注点

法律方面的关注点有两个，如表 4-11 所示。

表 4-11　法律关注点

序号	内容
1	公司自身的法律情况：重大诉讼和法律纠纷、房产土地的权属问题等。
2	交易所涉及的法律问题：股权结构（类别股权安排，优先股东、期权等问题）、行业监管规定、交易涉及的其他监管规则等。

提醒：法律尽职调查可以分为两部分，一部分是公司本身的法律情况，需要依赖律师去尽职调查，投行需要关注未来的风险所在；

另一部分是交易所涉及的法律问题，此部分投行要充分组织和积极参与讨论，具体的工作可以以律师为主。

人力资源关注点

人力资源方面的关注点有三个，如表 4－12 所示。

表 4－12　人力资源关注点

序号	内容
1	管理层聘用和留任问题。
2	工会问题。
3	离退、内退人员负担及养老金问题。

提醒：人事的问题对于收购后的成功整合非常重要，不容忽视；投行需要起牵头作用，具体的工作由适当的中介机构来承担。

其他的关注点

其他方面的关注点有三个，如表 4－13 所示。

表 4－13　其他的关注点

序号	内容
1	是否有历史遗留问题？如一厂多制等。
2	是否存在大股东占用资金、重大同业竞争等问题。
3	离退、内退人员负担及养老金问题。

提醒：应当根据相关监管规则及实际案例，制定并不断完善“检查事项清单”，逐项予以确认。

第五章　新三板融资中的财务报表分析

企业财务报告既是揭示汇总书面文档或演示文稿的财务资料，也是企业信息的重要载体。企业在新三板市场融资有几种形式，不管采取哪种融资形式，对企业所发布的财务报表进行分析，都将成为人们决定是否参与企业新三板融资行为的重要参考。这也在客观上要求企业的财务报表必须具有真实性，才能赢得人们的信赖，成功实现融资。

详解新三板市场融资的几种主要方式

新三板市场的融资功能日益增强。2015 年 7 月，挂牌公司股票发行合计 321 次，融资金额累计达到了 144 亿元，包括 269 次已挂牌公司股票发行和 52 次挂牌同时股票发行。截至 2015 年 7 月底，新三板挂牌公司的数量是 3052 家，这意味着，仅 2015 年 7 月，就有超过十分之一的新三板挂牌公司发行了股票，实现了融资。依据全国股转公司发布的数据显示，2015 年共有 1887 家挂牌公司完成 2565 次股票发行，融资 1216.17 亿元。另有数据显示，2016 年以来，新三板市场直接融资功能继续得以发挥，截至 3 月 4 日新三板累计股票发行 549 次，融资总金额达 264.73 亿元。可见新三板市场融资已经如火如荼。

那么，新三板市场的融资都有哪些方式呢？从实际情况来看，主要有如下几种方式：挂牌前后的定向发行；挂牌的同时发行股份；中小企业私募债；做市商制度；银行信贷；资产证券化。下面我们对此进行一一解读。

挂牌前后的定向发行

公司在挂牌之前，因为有近期内即可实现新三板挂牌的预期，届时股份流动性将大大增强，而发行市盈率没有挂牌后那么高，因而会吸引大量投资者的投资。公司挂牌前的定向发行，即通常所说的“私募融资”，其投资者可以是任何具有股东资格的自然人、法人或其他组织，而不受新三板适当性管理制度的限制，如蓝天环保曾经在登陆新三板的同时获得了500万元投资。

公司挂牌前的定向发行，等同于一般公司的增资扩股，其基本程序是：投资者与公司、原股东首先签订增资协议，其次股东（大）会做出决议，同意新投资者入股，并对入股价格、占股比例等做出确认，修订公司章程，最后打入资款、验资，办理工商登记手续。

这种发行方式的优点是：第一，投资者可以是任何具有股东资格的自然人、法人或其他组织，而不受新三板适当性管理制度的限制，这就大大扩大了投资者的基础，也扩大了可以投资的投资者范围。第二，程序简便、灵活，用时较短，能够实现快速融资。第三，费用较低，不用付给中介机构承销费等费用。缺点是发行的市盈率一般较挂牌后低，融资相同的金额，公司稀释的股权比例较大。

公司挂牌后的定向发行最为常见。武汉尚远环保曾经在新三板挂牌之后，成功实施了定向增发方案，向7家机构投资者合计募资约3000万元。

这种融资方式发行的基本程序是：董事会先就发行方案做出决议；然后发布公告，15天后召开临时股东大会，就发行方案做出股东大会决议；投资者认购、缴款，会计师事务所验资；主办券商发布《股票发行情况报告书》，律师出具法律意见。

其特点是：其一，投资者必须是符合新三板适当性管理制度的自然人、法人或其他组织；其二，发行市盈率一般较高；其三，发行程序较为复杂，时间长，成本高，效率低。主办券商需要收取承销费，律师需要收取律师费。

需要注意的操作要点有：其一，验资报告必须由具有证券期货从业资格的会计师事务所出具，地方上的小会计师事务所不可以，验资报告也不能由会计师事务所分所出具，必须是总部出具。其二，本次股票发行认购对象或者挂牌公司现有股东中存在私募投资基金管理人或私募投资基金的，应当按照《私募投资基金管理人登记和基金备案办法（试行）》等相关规定来履行登记备案程序。其三，股票发行的合规性意见必须由主办券商出具，而不能由其他券商出具。主办券商是公司挂牌时的推荐券商，即持续督导券商。换言之，挂牌公司不能换掉券商。实践中，有些券商不帮助找钱，还会索要10%的承销费，费率谈不下来，公司想换掉券商，结果换不掉。

挂牌的同时发行股份

这种融资方式的特点是：其一，投资者须符合以下三种类型之一：公司股东；公司的董事、监事、高级管理人员、核心员工；符合投资者适当性管理规定的自然人投资者、法人投资者及其他经济组织。其二，发行市盈率一般较挂牌前私募融资高。其三，发行程序较为复杂，边申请边做发行，需要不断修改、补充发行申请文件。其四，新增股票自公司挂牌之日起，即可流通、交易。

2015 年 8 月 17 日，西安华江环保科技股份有限公司发布公告称，公司挂牌同时发行的股票在全国股份转让系统挂牌公开转让，本公司此次股票发行总额为600万股，均为无限售条件的流通股。该批无限售条件股份于2015年8月18日在全国股份转让系统挂牌公开转让。这就是公司挂牌的同时发行股份（挂牌并发行）。本次股票发行的价格为每股16元，融资额为9600万元。公司2014年经审计的净利润为3603万元，每股收益0.72元，对应投资静态市盈率约为22.22倍，摊薄后的每股收益0.64元，静态市盈率25倍。

该公司本次股票发行对象为11名自然人和12名法人，其中新增自然人投资者8名，新增机构投资者12名。12名机构投资者分别为国泰君安华安资产—中和新三板1号专项资产管理计划、北京星探联合投资管理有限公司、上海普翌投资管理中心（有限合伙）、北京基石创业投资基金（有限合伙）、红土创新—红石15号新三板资产管理计划、北京中海盈创投资管理中心（有限合伙）、西安信恒企业管理咨询合伙企业（有限合伙）、西安君研企业管理咨询合伙企业（有限合伙）、中信证券（600030）新三板增强分级1号集合资产管理计划、中信证券新三板增强1号集合资产管理计划、中信证券新三板增强2号集合资产管理计划、中信证券新三板增强3号集合资产管理计划。公司本次发行前股东数量为51人，本次股票发行新增股东23人，股票发行后股东数量为71人。

在本案中，其基本程序是：2015年4月30日，公司向股转系统报送的挂牌申请材料予以受理并在股转系统的网站上予以公开披露。同年5月21日，公司召开的第一届董事会第十次会议审议通过了《关于公司发行方案的议案》《关于与认购方签署附条件生效的〈定向发行股票认购协议书〉的议案》《关于修改〈公司章程〉的议案》《关于提请股东大会授权董事会全权办理公司挂牌同时定向发行股票相关事宜的议案》《关于提请召开公司2015年第1次临时股东大会的议案》等议案。2015年6月5日，公司召开2015年第一次临时股东大会审议通过了《关于公司发行方案的议案》《关于与认购方签署附条件生效的〈定向发行股票认购协议书〉的议案》《关于提请股东大会授权董事会全权办理公司挂牌同时定向发行股票相关事宜的议案》《关于修改〈公司章程〉的议案》等议案。7月7日，瑞华会计师事务所（特殊普通合伙）出具《验资报告》。7月17日，公司收到了全国股转系统的挂牌同意函。8月17日，公司发布了《关于公司股票将在全国股份转让系统挂牌公开转让的提示性公告》以及《关于公司挂牌同时发行的股票将在全国股份转让系统挂牌公开转让的公告》，8月18日，公司的股票在全国股份转让系统正式挂牌，证券简称“华江环保”，证券代码为833147。

（案例来源：根据“和讯网”2015年10月8日《新三板市场的融资功能》改写）

中小企业私募债

私募债是一种便捷高效的融资方式，其发行审核采取备案制，审批周期更快，资金使用的监管较松，资金用途相对灵活。综合融资成本比信托资金和民间借贷低，部分地区还能获得政策贴息。

私募债的债券主体多为地方明星企业，债券主体资质好，地方投资者通过地方金融平台投资地方明星企业的模式，有助于破解“中小企业多，融资难；社会资金多，投资难”的难题，盘活存量。

大同市阳光小额贷款有限公司私募债于2014年5月8日顺利通过山西股权交易中心专家评审暨备案会议。这单两年期、总额为

3000万元的私募债一推出，即告售罄。通过私募债券的发行，该企业成功走向资本市场直接融资的通道，拓宽了融资途径，提高了企业信用度和知名度，降低了融资成本，资本利率仅为8.5%。同时，间接降低了小微企业在该企业融资过程中的成本，满足了更多微小企业和低收入人群的信贷服务需求，在提高社会效益的同时提高企业经济效益。

（案例来源：根据“1688资金项目网”2014年10月27日《五种中小企业融资渠道和融资案例分析》改写）

中小企业私募债的办理条件是：中小企业私募债办理企业应符合国家相关政策对于中小企业定义的标准；办理中小企业私募债必须有企业纳税规范；申请中小企业私募债的目标企业的主营业务不能包含房地产和金融类业务；办理中小企业私募债的目标企业的年营业收入达到一定规模，以企业年营业额收入不低于发债额度为宜；中小企业私募债办理的目标企业能获得大型国企或者国有担保公司担保；申请中小企业私募债的企业的信用评级达到AA级以上则为优先考虑对象。

做市商制度

做市商制度是证券公司使用自有资金参与新三板交易，通过自营买卖差价获得收益的制度。由于证券公司拥有数量众多的营业部网点，便于客户开立新三板投资权限，从而增加整个新三板交易量，盘活整个市场。

齐鲁证券首批获得做市商从业资格。根据全国股转系统公司公布的数据统计，在2014年，齐鲁证券以22家做市企业数量领跑全部做市券商，天风证券、广州证券分别以20家、19家居于第二位、第三位，世纪证券、中信证券、国泰君安做市企业数量均在17家或以上。

2015年2月5日，“2015新三板业务交流高级研讨会”在北京举办。行业监管部门领导、基金管理公司、基金子公司、商业银行、证券公司、私募基金等相关机构业务负责人与会，就新三板业务发展的热点、难点、焦点问题进行研讨与交流。齐鲁证券场外市场业务部、中小企业融资部总经理王磊女生在论坛上做了发言。她表示，新三板做市商在我们看来是证券交易制度，在我们国家是重大的突破。从狭义来理解，我们就是帮助企业报买报卖的过程。实际上从比较“大”的广义理解上来讲，我们觉得做市是帮助企业提供与非常大的金融产业链融合的过程，所以我觉得通过以交易为契机和起点，我们形成全产业链，为企业在资本市场上服务。

（案例来源：根据“新浪财经”2015年2月4日《新三板做市商排位中小券商包揽前三》改写）

“做市商”和“坐市商”是同义词，是指在证券市场上，由具备一定实力和信誉的独立证券经营法人作为特许交易商，不断向公众投资者报出某些特定证券的买卖价格（双向报价），并在该价位上接受公众投资者的买卖要求，以其自有资金和证券与投资者进行证券交易。买卖双方不需等待交易对手出现，只要有做市商出面承担交易对手方即可达成交易。做市商通过这种不断买卖来维持市场的流动性，满足公众投资者的投资需求。做市商通过买卖报价的适当差额来补偿所提供服务的成本费用，并实现一定的利润。

资产证券化

资产证券化通俗而言是指将缺乏流动性、但具有可预期收入的资产，通过在资本市场上发行证券的方式予以出售，以获取融资，以最大化提高资产的流动性。资产证券化包括实体资产证券化、信贷资产证券化、证券资产证券化和现金资产证券化四种类型。和银行贷款相比，资产证券化的优势主要体现在低门槛、灵活性和高流动性这三方面。资产证券化提高了资本市场的运作效率。

对投资者来说，资产证券化的好处在于：投资者可以获得较高的投资回报；获得较大的流动性；能够降低投资风险；能够提高自身的资产质量；能够突破投资限制。

目前我国的资产证券化工具主要分两大类：一是信贷资产证券化。由人民银行、银监会主管，在银行间市场发行，基础资产为银行业金融机构的信贷资产，主要依据为《信贷资产证券化试点管理办法》。典型案例有开元信贷资产证券化、建元信贷资产证券化等。二是企业资产证券化。由证监会主管，在交易所市场发行，基础资产为企业所拥有的收益权及债权资产，主要依据为《证券公司企业资产证券化业务试点指引（试行）》（尚处于试点期）。典型案例有华能澜沧江水电收益 ABS、浦东建设 BT 项目 ABS 等。

值得一提的是，资产证券化对于拥有稳定现金流的企业来说可能更适合，一般来说此类企业或者比较成熟，或者资产规模较大，而目前新三板挂牌企业普遍现金流并不稳定，资产规模也偏小，因此要利用资产证券化工具可能存在一些障碍。

银行信贷

由于新三板挂牌企业以高新技术型企业居多，资质优秀、成长性较好，这意味着将来与银行合作的空间很大。新三板早就和多家银行建立了合作关系，为挂牌企业提供专属的股票质押贷款服务。例如，2013 年 12 月，新三板与工、农、中、建等 7 家商业银行签署首批战略合作协议。2014 年又有多家银行先后加入，截至 2014 年底，新三板已与 27 家银行展开合作，针对挂牌企业推出 29 个专项产品及服务，以信用贷款、股权质押贷款及其他配套金融服务为主。2016 年，赴新三板上市的农商行及村镇银行的数量将大幅增长。

与此同时，许多银行针对众多轻资产企业推出了挂牌企业小额贷专项产品。事实上，早在 2013 年便有银行积极布局新三板业务，如上海银行。

上海银行在 2013 年营销过程中发现企业有挂牌“新三板”的业务需求，且企业资质优良、发展前景较好，登陆资本市场将有助于企业进一步发展壮大。该行随即联动合作券商对企业进行首轮拜访，针对企业股权架构、业务模式等量身定制新三板“股、贷、债”三位一体投融资综合金融服务方案，包括挂牌财务顾问、股权激励、并购与市值管理、定增、财富管理、综合信贷支持等，并在随后数轮拜访中对该方案进行进一步的细化和调整。经过企业多方筛选，最终选择上海银行及合作券商作为其“新三板”挂牌服务机构。

在合作券商、律所、会所等中介机构进场操作挂牌事务中，上海银行了解到企业有海外并购需求，上海银行随即为企业制定并购融资方案，结合并购贷、“新三板”定增、外汇等产品提供一揽子综合融资方案，得到了企业首肯并有效解决了融资难题，优化企业收益，契合企业预期。在该业务合作中，上海银行结合“新三板”市场及针对该市场开发的配套金融产品，有效地解决了创新型中小企业融资难、融资成本高的困难。

（案例来源：根据“中国金融网”2015年4月13日《打造“新三板”整体解决方案》改写）

如何利用财务报表评估企业价值

新三板上市公司及一些大公司发布的信息，多数是通过财务报表提供的，另一些则通过其他财务报告提供。通常，财务报表是财务报告的主体，企业的重要信息应包括在财务报表中。

财务报表分析常用的方法

分析财务报表的常用方法有以下三种，如表5－1所示。

表5－1　三种常用的财务报表分析方法

方法	实操
比较分析法	财务报表分析是为了说明财务报表数据和信息之间的关系，而单纯的分析财务报表不能看出公司的运营状况和经营成果，只有通过对各种数字进行比较，发现其中规律性的东西，并找出初步进行比较分析之间的差异，可以用来比较绝对数量，也可以是相对数量，其主要作用是揭示客观数据之间存在的差异，并指出研究方向，为进一步的分析做铺垫。比较分析法更适用于当前的计划项目或具有固定目标的公司，把以前同期和当期实际相比较，可以了解业务的变化情况、经济活动的趋势，也可以将行业的国内情况和国外情况进行比较。

续表

方法	实操
比率分析法	比率分析是指通过揭示企业财务状况的数字比值，汲取出具有一定效用和理论关系的财务报表数据，分析经营成果和现金流量的方法。这种分析是比较常用的，目前的财务指标有很大一部分是通过比率计算分析获得的，如评估公司资产、流动性和偿债能力、盈利能力。用这种方法分析特殊形式的指标的相对数，使微型经济信息化，这样就可以以动态趋势的走向表现出来。其最大的优势是可以消除规模的影响，可以评估企业在不同年份中收益的变化，不同的企业也可以花更多的时间在一个特定的行业上。它可以用来比较各个行业企业的风险和收益，以帮助那些债权人和投资者做出正确的决策。
图表分析法	图表分析法是指以图表的样式利用比较分析的方法呈现出的数字化企业的金融项目活动，图表分析具有直观清晰而且明确的优点。这种分析法直观反映了金融活动，能够将复杂的经济活动用简单易懂的形式展现出来。就当前的形势来看，随着计算机技术和网络技术的不断创新、发展，将财务报表用图表的形式表现出来并且加以分析，这类办法和应用范围得到了前所未有的发展。所有的财务报表分析都是为了解说公司的变动及变动的原因等，其中，有很多问题都是通过财务报表分析发现的，准确评价当前的财务状况，预测未来的发展趋势。图表将大量的数据转化为简单有用的信息，并为决策者提供决策依据。

利用财务报表数据评估企业价值

财务报表分析最为常见的用途之一就是评估企业价值，也可以通过对企业过去以及当前的盈利性和风险的研究，结合对未来一般经济状况、特定行业状况以及公司能力和战略等方面的预测来预测企业未来的收益和风险，并将这些预测转换成一套预计财务报表数据。

在此基础上，还可以运用预计财务报表数据进行企业价值评估。

价值评估的方法主要有：基于现金流量的方法和基于收益的方法。其中基于收益的方法又包括市场价格与收益（P-E 比率，又称“市盈率”）的理论模型和普通股权益市场价格与账面价值（P-BV 比率）的理论模型。

具体方法包括：

第一，现金流量价值评估方法。企业价值 = 预期现金流量 ×（1 + 预期现金流量增长率）÷（权益资本成本 − 预期现金流量增长率）。

第二，市盈率价值评估方法。市盈率 =（1 + 收益增长率）÷（权益资本成本 − 收益增长率）；企业价值 = 市盈率 × 实际收益。

第三，市场价格与账面价值比率价值评估方法。市场价格与账面价值比率 = 1 +（预期普通股权益收益率 − 权益资本成本）÷（权益资本成本 − 普通股权益账面价值增长率）；企业价值 = 市场价格与账面价值比率 × 普通股权益账面价值。

事实上，考察的期限越长，收益和现金流量与企业价值越有类似的相关性；对于更短的时期来说，企业价值与收益的关系更为紧密，而与现金流量的关系相对较远。当股东权益收益率较高，而本期收益率不包含暂时性因素时，本期收益对于评估价值有更为重要的作用；当本期收益难以很好地反映未来收益情况，而企业也将进入其他业务领域时，累计收益可能会起到更好的作用。

银行方面应该关注最“实”的财务数据

对企业真实经营情况进行判断，要学会利用经过第三方验证最“实”的财务数据，也就是一些经常可能被忽视的非主流信息。这些信息对审计来说可能不是很重要，但对银行判断企业投资价值有不小的参考意义，如表 5 – 2 所示。

表 5 – 2　银行关注最“实”财务数据的意义

序号	内容解析
1	技术型企业通过工资表判断企业的人才竞争优势，非技术密集型企业通过工资表间接判断企业盈利水平。将企业的员工薪酬与行业平均工资水平作比较，可以看出其吸引人才的能力。对于技术型企业，员工的报酬和相关的激励机制是反映团队稳定性的重要指标；对于非技术密集型企业，工资水平间接反映企业盈利水平，员工高工资往往反映企业拥有较好的盈利能力或发展前景。
2	通过水电费、运费单判断企业的生产、销售能力。对于制造型企业，水电费和运费是甄别其生产规模、产能、销售能力的试剂，漏税容易偷电难，往往这些水电费、运费等指标对判断企业的真实生产和销售情况远比企业提供的财务报表更为有用和可靠。
3	通过供应商账期判断企业的行业竞争力。账期跟产业链地位有关系，跟企业本身也有关系，供应商会比较了解下游的客户，如果给予的账期高于或低于行业水平，都需要关注。
4	通过纳税判断企业的盈利能力。一般情况下，没有一个企业会在没有销售或利润的情况下去缴税，因此，完税证明是判断企业销售和利润最直接的方法。现阶段，在本土企业中，良好的纳税记录起码意味着企业还有成长空间。

总之，财务报表永远是最重要的信息源头，企业的价值就是用财务报表中重要的数据值来反映企业的盈利能力及其他业务能力等。可以说，企业的价值只能由财务报表来体现，财务报表是它的载体，要想评估企业价值，就离不开分析财务报表，这是国内外所有经营管理者的经验之谈。

如何分析新三板三大财务报表

新三板三大财务报表给我们提供了大量信息，通过分析，可以帮助我们做出是否参与企业新三板融资的决策。

如何分析新三板资产负债表

新三板资产负债表给予我们的主要信息有哪些呢？通过负债与所有者权益项目金额的对比，期末与期初的对比，基本可以判断企业的财务风险高低及其变化趋势；通过流动资产与长期资产项目金额的对比，期末与期初对比，基本可以判断企业的经营风险高低及其变化趋势。所以，拿到资产负债表后，一看资金来源，二看资产分布，三进行前后期对比分析，即可得出企业财务风险与经营风险高低、资产资本结构是否合理的结论。

在分析资产负债表要素时，首先，我们应注意资产要素分析，具体包括以下几项，如表 5－3 所示。

表 5－3　分析资产负债表时需要注意的要素

要素	分析指导
流动资产	分析公司的现金、各种存款、短期投资、各种应收应付款项、存货等。流动资产比往年提高，说明公司的支付能力与变现能力增强。
长期投资	分析一年期以上的投资，如公司控股、实施多元化经营等。长期投资的增加，表明公司的成长前景看好。
固定资产	这是对实物形态资产进行的分析。资产负债表所列的各项固定资产数字，仅表示在持续经营的条件下，各固定资产尚未折旧、折耗的金额预期于未来各期间陆续收回，因此，我们应该特别注意，折旧、损耗是否合理将直接影响到资产负债表、利润表和其他各种报表的准确性。很明显，少提折旧就会增加当期利润，而多提折旧则会减少当期利润。
无形资产	主要分析商标权、著作权、土地使用权、非专利技术、商誉、专利权等。商誉及其他无确指的无形资产一般不予列账，除非商誉是购入或合并时形成的。取得无形资产后，应登记入账并在规定期限内摊销完毕。

其次，要对负债要素进行分析，包括两个方面，如表 5－4 所示。

表 5－4　分析负债要素时需要注重的两个方面

事项	分析指导
流动负债	各项流动负债应按实际发生额记账，分析的关键在于要避免遗漏，所有的负债均应在资产负债表中反映出来。
长期负债	包括长期借款、应付债券、长期应付款项等。由于长期负债的形态不同，因此，应注意分析、了解公司债权人的情况。

最后，是股东权益分析，包括股本、资本公积、盈余公积和未分配利润四个方面。分析股东权益，主要是了解股东权益中投入资本的不同形态及股权结构，了解股东权益中各要素的优先清偿顺序等。看资产负债表时，要与利润表结合起来，主要涉及资本金利润和存货周转率，前者是反映盈利能力的指标，后者是反映营运能力的指标。

如何分析新三板利润表

新三板利润表给我们的主要信息有哪些呢？通过对同期的内部结构分析，可以判断企业利润的来源与构成；通过前后期同项目对比分析，可以判断企业盈利的变化原因及其发展趋势。所以，对于利润表的分析，一要进行结构分析，从而判断公司盈利质量高低；二要进行前后各期比较分析，可以掌握公司盈利能力变化的原因及其企业的发展能力。

利润表依据“收入－费用＝利润”来编制，主要反映一定时期内公司的营业收入减去营业支出之后的净收益。通过利润表，我们一般可以对上市公司的经营业绩、管理的成功程度做出评估，从而评价投资者的投资价值和报酬。利润表包括两个方面：一是反映公司的收入及费用，说明公司在一定时期内的利润或亏损数额，据以分析公司的经济效益及盈利能力，评价公司的管理业绩；二是反映公司财务成果的来源，说明公司的各种利润来源在利润总额中占的比例，以及这些来源之间的相互关系。

对利润表进行分析，主要从两方面入手，如表5－5所示。

表5－5　分析利润表时需要注重的两个方面

事项	分析指导
收入项目	公司通过销售产品、提供劳务取得各项营业收入，也可以将资源提供给他人使用，获取租金与利息等营业外收入。收入的增加，意味着公司资产的增加或负债的减少。记入收入账的包括当期收讫的现金收入，应收票据或应收账款，以实际收到的金额或账面价值入账。

续表

事项	分析指导
费用项目	费用是收入的扣除，费用的确认、扣除正确与否直接关系到公司的盈利。所以分析费用项目时，首先，应注意费用包含的内容是否适当，确认费用应贯彻权责发生制原则、历史成本原则、划分收益性支出与资本性支出的原则等。其次，要对成本费用的结构与变动趋势进行分析，分析各项费用占营业收入百分比，分析费用结构是否合理，对不合理的费用要查明原因。同时对费用的各个项目进行分析，看看各个项目的增减变动趋势，以此判定公司的管理水平和财务状况，预测公司的发展前景。

看利润表时要与上市公司的财务情况说明书联系起来。它主要说明公司的生产经营状况；利润实现和分配情况；应收账款和存货周转情况；各项财产物资变动情况；税金的缴纳情况；预计下一会计期间对公司财务状况变动有重大影响的事项。财务情况说明书为财务分析提供了了解、评价公司财务状况的详细资料。

如何分析新三板现金流量表

现金流量表是反映上市公司现金流入与流出信息的报表。这里的现金不仅指公司在财会部门保险柜里的现钞，还包括银行存款、短期证券投资及其他货币资金。现金流量表可以告诉我们公司经营活动、投资活动和筹资活动所产生的现金收支活动，以及现金流量净增加额，从而有助于我们分析公司的变现能力和支付能力，进而把握公司的生存能力、发展能力和适应市场变化的能力。

新三板现金流量表给我们的主要信息有：来自经营活动的现金流量；来自投资活动的现金流量；来自筹资活动的现金流量；非常

项目产生的现金流量；不涉及现金收支的投资与筹资活动，如表5－6所示。

表5－6　新三板现金流量表的主要信息分析

主要信息	分析指导
来自经营活动的现金流量	反映公司为开展正常业务而引起的现金流入量、流出量和净流量，如商品销售收入、出口退税等增加的现金流入量，购买原材料、支付税款和人员工资增加的现金流出量，等等。
来自投资活动的现金流量	反映公司取得和处置证券投资、固定资产和无形资产等活动所引起的现金收支活动及结果，如变卖厂房取得的现金收入，购入股票和债券等对外投资引起现金流出等。
来自筹资活动的现金流量	是指公司在筹集资金过程中所引起的现金收支活动及结果，如吸收股本、分配股利、发行债券、取得借款和归还借款等。
非常项目产生的现金流量	是指非正常经济活动所引起的现金流量，如接受捐赠或捐赠他人，罚款、现金收支等。
不涉及现金收支的投资与筹资活动	这是一类对股民非常重要的信息，虽然这些活动并不会引起本期的现金收支，但对未来的现金流量会产生极为重大的影响。这类活动主要反映在补充资料一栏里，如以对外投资偿还债务，以固定资产对外投资等。

对现金流量表主要从三个方面进行分析，如表5－7所示。

表5－7　分析现金流量表时需要注重的三个方面

事项	分析指导
现金净流量与短期偿债能力的变化	如果本期现金净流量增加，表明公司短期偿债能力增强，财务状况得到改善；反之，则表明公司财务状况比较困难。当然，并不是现金净流量越大越好，如果公司的现金净流量过大，则表明公司未能有效利用这部分资金，其实是一种资源浪费。

续表

事项	分析指导
现金流入量的结构与公司的长期稳定	经营活动是公司的主营业务，这种活动提供的现金流量，可以不断用于投资，再生出新的现金来，来自主营业务的现金流量越多，表明公司发展的稳定性也就越强。公司的投资活动是为闲置资金寻找投资场所，筹资活动则是为经营活动筹集资金，这两种活动所发生的现金流量，都是辅助性的，都是服务于主营业务的。这一部分的现金流量过大，表明公司财务缺乏稳定性。
投资活动与筹资活动产生的现金流量与公司的未来发展	股民在分析投资活动时，一定要注意分析是对内投资还是对外投资。对内投资的现金流出量增加，意味着固定资产、无形资产等的增加，说明公司正在扩张，这样的公司成长性较好；如果对内投资的现金流量大幅增加，意味着公司正常的经营活动没有能够充分吸纳现有的资金，资金的利用效率有待提高；对外投资的现金流入量大幅增加，意味着公司现有的资金不能满足经营需要，从外部引入了资金；如果对外投资的现金流出量大幅增加，说明公司正在通过非主营业务活动来获取利润。

最简单的办法，是首先知道会计报表结构，资产负债表是资本结构，利润表是流水账，现金流量表则是与现金有关的内容。

资产负债表分左右两部分，左边是资产及其分布状态，如有多少现金、多少库存、多少债权、多少固定资产等；右边是负债和所有者权益。资产 = 负债所有者权益，因此该表一定是左边的合计数等于右边的合计数。

利润表是层层计算的表格，公式很容易理解：营业利润 = 营业收入 - 营业成本 - 营业税金及附加 - 销售费用 - 管理费用 - 财务费用 - 资产减值损失 ± 投资收益；利润总额 = 营业利润营业外收入 - 营业外支出；净利润 = 利润总额 - 所得税费用。

需要强调的是，上面仅仅是从单张报表阅读得出的一些基本判断，可能是片面的，甚至是错误的判断。因此，在分析完了所有报表之后，还需要进行综合分析判断，使三大财务报表之间形成印证关系。

如何从财务报表里看到一个真实的企业

企业财务报表应该特别注重真实性原则，这一原则要求会计核算应当以实际发生的交易或事项为依据，如实地反映企业的财务状况、经营成果和现金流量。它既要求会计工作要正确运用会计原则和方法，准确反映企业的实际情况，又要求会计信息能够经受验证，以核实其是否正确。国际会计准则委员会（IASC）在《关于编制和提供财务报表的框架》中，提出了会计信息主要的质量特征，即可理解性、相关性、可靠性和可比性；并提出相关和可靠资料的限制因素，如及时性、效益和成本之间的平衡、质量特征之间的平衡和公正地反映等。我国重视会计信息的真实性和可靠性，《企业会计准则》提出了会计信息的基本质量特征，包括真实性（客观性）、相关性、可比性、一贯性、及时性和明晰性，并将真实性置于相关性之前，作为会计信息首要的质量特征。

与真实性对应的是会计信息失真。“会计信息失真”包括“制度性会计信息失真”和“执行性会计信息失真”。前者是制度缺陷使然；后者包括“错误性会计信息失真”和“舞弊性会计信息失真”。“错误性会计信息失真”由过失造成，包括由“普通过失”

（因疏忽失误、理解偏差等没有完全遵循专业准则）造成的“一般会计差错”和由重大过失（根本没有遵循专业准则或者没有按专业准则的基本要求处理会计业务）造成的“重大会计差错”。舞弊又称欺诈，是以欺骗或坑害他人为目的的一种故意的错误行为。广义的假账是指“执行性会计信息失真”，狭义的假账则是指“舞弊性会计信息失真”。

由于企业财务报表可能存在“失真”情况，因此在分析三大财务报表时要把握要点，以“还原”企业的本来面目，从中看到一个真实的企业。

分析资产负债表需要把握的要点：看注册资本的真实性及企业的成长性

当你取得资产负债表后，首先应查看该表的“所有者权益”部分。这时，你可查看“股本”或“实收资本”项目的数额，并将其与企业的注册资本数额相比较。如果该项目的数额小于注册资本的数额，则说明该企业的注册资本存在不到位的现象，对此应做出进一步了解，搞清资本金未到位的原因。“股本”或“实收资本”是企业承担有限责任的根本保证，对此应予以高度重视。在查清楚企业注册资本可靠性的基础上，应进一步了解企业在历史上的成长性。这时，你可用“所有者权益合计”除以“股本”（或“实收资本”）的数额，再用该商数除以企业自注册成立至会计报表截止日止的累计年份数，据此对企业的成长性做出初步判断，即企业成立至今净资产的年平均增长率。此外，还应进一步注意“资本公积”项目的数额，如果该项目的数额过大，应进一步了解“资本公积”项目的构成。因为有的企业在不具备法定资产评估条件的情况下，通过虚假评估来虚增企业的净资产，借此来调整企业的资产负债率、蒙骗债权人或潜在债权人。对此企业各类债权人必须高度重视。

看注册资本的真实性及企业的成长性，需要把握以下要点，如表5－8所示。

表5－8　看注册资本的真实性及企业的成长性需要把握的要点

要点	分析指导
查看企业资产负债率和各项流动性比率	用“负债合计数”除以“资产总额”所得的资产负债率，可以了解到企业对长期债权人的风险越大，该比率越大，表明长期债权人的风险越大。而通过计算企业的流动比率和速动比率，可以了解到企业偿还短期债务的能力。一般说来这两个比率越大，短债权人的利益就越有保障。但为稳妥起见，最好应结合对企业资产流动质量的分析，对这两个比率做出进一步的修正。
对各类资产性项目进行具体分析	对此，可按照先明后暗、先易后难的顺序展开查看企业待处理性项目，具体包括“待处理流动资产净损失”“待处理固定资产净损失”和“固定资产清理”3个项目。一般说来，在会计报表编制中，这3个项目的数额通常为零。如果它们的数额较大，则通常表明企业存在虚列资产、虚增利润或掩盖亏损之嫌。这3个项目好比“不定时炸弹”，一旦出现问题就会影响到企业处理年度的利润水平及总资产和净资产数额。上海一家已经上市达7年之久的某公司竟然在“待处理流动资产损失”项目中列示了4.9329亿元，借此来虚增企业的净资产。对此注册会计师1997年度、1998年度连续出具了保留意见，至十多年后的今天，该企业所谓“历史遗留问题”仍未得到解决。这类问题应引起人们的高度重视。
了解企业各类摊销性资产的摊销情况	这类摊销性资产具体包括“固定资产”“无形资产”“递延资产”“待摊费用”“预提费用”，对此应根据企业制定的会计政策，并结合对“现金流量表”附注部分所披露的“固定资产折旧”“无形资产及其他资产的摊销”项目的数额，分别与上述五个项目的年初与年末的平均余额相比较，对企业摊销性资产的摊销情况做出具体的判断，借此对企业资产及损益会计核算的可靠性做出合理的推断。如果所计算出的各类摊销性资产的摊销率大大低于会计政策所规定的摊销率，则说明企业存在虚增资产和利润之嫌。

续表

要点	分析指导
计算企业应收账款和存货周转率	应收账款周转率反映企业应收款在1年内的周转次数，用此去除360则反映应收账款周转1次所占用的天数。该指标越大，表明企业应收账款的变现能力越强，应收账款的质量越好。而存货周转率则反映企业在1年内从原材料采购到产成品销售实现的营业循环次数，用此去除360则反映存货形态完成1次循环所占用的天数。该指标越大，表明企业的生产周期越短，产品越适销对路。由此可见，这两个指标反映了应收账款和存货的周转速度，通过这两个指标的分析对企业的流动比率和速动比率进行相应的修正，就可以对企业流动资产的偿债能力和变现能力做出更准确的判断，这对于企业的各类短期债权人来讲尤为重要。

分析利润表需要把握的要点：看相关项目之间的钩稽关系

钩稽关系是指相互间存在一种可检查验证的关系，它与会计科目是完全没有关系的，只是报表之间的关系。剖析利润表中各相关项目之间的内在钩稽关系，可以获取大量的有用信息。下面分别加以叙述，如表5－9所示。

表5－9　分析利润表中相关项目间钩稽关系需要把握的要点

序号	要点内容与分析指导
1	通过“主营业务利润”与“主营业务收入”相比较，可以了解到企业主营业务的毛利率，并借此了解到企业的产品或劳务的技术含量和市场竞争力。
2	通过“主营业务利润”与“其他业务利润”相比较，可以了解到企业的主营业务是否突出，并借此对企业未来获利能力的稳定性做出相应的判断。

续表

序号	要点内容与分析指导
3	通过“营业费用”“管理费用”“财务费用”与“主营业务利润”相比较，可分别了解到企业销售部门、管理部门的工作效率以及企业融资业务的合理性。再通过企业之间的横向比较及企业前后会计期间的纵向比较，进一步挖掘企业降低“营业费用”“管理费用”的潜力、提高其工作效率，并对企业的融资行为做出审慎安排。
4	通过“营业利润”“投资收益”“补贴收入”“营业外收入”“营业外支出”与“利润总额”相比较，可以对企业获利能力的稳定性及可靠性做出基本判断。即只有企业的“营业利润”占“利润总额”的比重较大时，企业的获利能力才较稳定、可靠。而“投资收益”反映的是建立在资本运营前提下的产业或产品结构的调整情况及其相应的获利能力。

对于上表中的最后一项，需要强调的是：为了精心维护、营造“壳资源”，一些上市公司的地方政府或其母公司，通过政府补贴或关联交易的方式提高上市公司的利润水平，以确保上市公司的配股能力，进而不断从证券市场募集资金。但通过这些方式来增强上市公司的利润水平，毕竟是不稳定、不可靠的。对此，企业的股东或潜在股东应予以相应的关注。中国证监会已经要求上市公司单独披露“非经常性损益”，旨在将上市公司通过关联交易产生的一次性资产处置损益摆在明处，以期引起报表阅读者的注意。这样，我们通过查看企业的“补贴收入”“营业外收入”“营业外支出”及会计报表附注就可以了解到这些相关情况。

分析现金流量表需要把握的要点：了解企业相关现金流量的信息

现金流量对企业至关重要，它是企业顺畅运行、获取竞争力的根本保证。通过阅读“现金流量表”，可以了解到企业现金流量的详细情况，如表5－10所示。

表5－10　了解企业相关现金流量的信息需要把握的要点

序号	要点内容与分析指导
1	“现金流量净增加值”：该指标表明本会计年度现金流入与流出的相抵结果，正数表明本期现金流入大于流出；负数表明现金流出大于流入。一般来说，正数表明企业的现金流量状况在改善。
2	“经营活动产生的现金流量净额”：该指标表明企业经营活动获取现金流量的能力。一般说来，在正常情况下企业的现金流入量主要应依靠经营活动来获取。通过该指标与“净利润”指标相比较，可以了解到企业净利润的现金含量，而净利润的现金含量则是企业市场竞争力的根本体现。如果企业的净利润大大高于“经营活动产生的现金流量净额”，则说明企业利润的含金量不高，存在大量的赊账行为及未来的应收账款收账风险，同时某种程度上存在利润操纵之嫌。在了解该指标的过程中，我们还可以了解到企业相关税、费的缴纳情况。
3	“投资活动产生的现金流量净额”：该指标反映企业固定资产投资及权益性、债权性投资业务的现金流量情况。其现金流出会对企业未来的市场竞争力产生影响，当数额较大时，应引起我们的注意，应对相关投资行为的可行性做相应的了解。
4	“筹资活动产生的现金流量净额”：一般说来，该指标反映企业从银行及证券市场的筹资能力。在该指标的形成过程中，会反映出企业偿还银行借款本、息及支付股利的现金流出情况，而这正是企业筹资信誉的根本体现。当本期的该类现金流入量过大时，往往会对以后会计期间的现金流量及资金成本产生一定的压力。对此应关注企业的筹资目的及实际履行情况。如果本期借入的银行借款大部分用来偿还银行借款本、息，则说明企业前期银行借款使用效益不佳，存在“倒贷”现象。
5	“现金流量表附注”：该部分虽名为“附注”，但其所提供的信息却非常重要，通过该部分的相关项目与其他报表相关项目之间的核对，可对企业所制定的固定资产折旧、无形资产摊销、坏账准备的计提、待摊费用的摊销等会计政策的执行情况做出相应的推断、对企业会计核算及会计信息披露的质量做出相应的判断。同时，通过观察“处置固定资产、无形资产和其他资产的损失（减收益）”项目，来了解企业非正常损益的

续表

序号	要点内容与分析指导
	发生情况及其对企业利润水平的影响情况。而通过“投资损失（收益）”与主表中“分得股利或利润所收到的现金”“取得债券利息收入所收到的现金”的比较，可对企业投资收益的现金含量做出分析和判断。

从新三板三大财务报表的关键指标看穿企业实质

新三板财务报表上哪些指标能看出企业经营是否正常？新三板财务报表应该是真实度比较高的，那么可以通过以下各项指标展开分析，如表5－11所示。

表5－11　新三板财务报表关键指标分析

序号	要点内容与分析指导
1	企业销售业绩是还款能力的真实写照，基于此，银行方面会将目光锁定在企业三年来的销售收入上，与此同时，可以看出企业的销售收入情况是愈加渐入佳境，还是陷入窘境。一般来说，主营业务收入增长率大于8%，说明该企业的主业正处于成长期，如果该比率不足5%，说明该产品将进入生命末期了。
2	企业近三年的利润总额和销售利润分别是多少？三年来这些数据的变化情况，反映了企业怎样的成长曲线？原因是什么？是企业竞争乏力，是行业不景气，还是企业销售模式具有季节性？
3	企业近三年的资产负债情况如何？资产、负债、所有者权益分别是多少？资产负债率与行业总体特征是否趋同，保持“步调”一致？
4	企业近三年的经营现金流量是多少？净利润与现金净流量之间的差额又是多少？若现金净流量小于净利润，那么为何企业总向外掏钱，导致腰包空空？
5	企业流动资产和流动负债是多少？流动资产减去流动负债，剩余的运营资本有多少？若流动负债处于高位，是什么原因所致？是企业出现短贷长用的现象，还是显现出山穷水尽的迹象？

续表

序号	要点内容与分析指导
6	企业应收账款明细账上，有哪些应收账款的账龄超过1年？它们中有多少会沦为呆账？企业是否按照财务制度制定坏账准备？
7	应收账款的客户群体是单一化，还是零零散散、较为分散？他们是否有债务违约或取消合作的可能性？
8	应收账款周转速度是快如飞瀑，还是慢如蜗牛？是否符合同业标准？应收账款周转速度越高，应收账款平均收款期越短，资金回笼的速度也就越快。资产流动性既然有了保障，偿债能力当然也不会受拖累。
9	正所谓勿以"数"小而不为，当收入增长率敌不过应收账款增长率时，银行异样眼光也会向企业投射过来，眼神中夹杂着一丝疑惑，好像在说导致这一现象的原因究竟是企业经营管理不善，还是市场竞争环境加剧所致？
10	查看企业库存商品明细账，摸清其收发结存的情况及规律。
11	了解囤积在企业1年以上，不易变现的库存商品和半成品分别有多少。
12	产品售价以低于采购价出售时，损失达到多少？存货是否计提跌价损失？
13	存货周转速度中小企业应大于5次。存货周转速度越快当然越是一件好事，存货占用水平越低，流动性越强，流动资金能够在企业的控制范围内，为偿债能力上了一道安全锁。
14	存货增长额是多少？存货增长额与销售收入增长额之间的关系？与固定资产增长额之间的关系？与利润总额之间的关系？
15	存货发出时，企业采用了哪种计价方式？是实际成本计价法还是计划成本计价法？采用后对当期利润和成本带来了哪些影响？
16	存货放在场内还是场外？存货是否已被缓解企业的资金压力派上用场，质押给他行或第三人？
17	查看预付账款明细，将采购价与市场价格做比较，看是否合理，且是否符合合同约定。

续表

序号	要点内容与分析指导
18	固定资产明细是什么？产权是否明晰？固定资产是否已抵押登记给他行或第三人？
19	企业采用了怎样的固定资产折旧方法？是年限平均法、工作量法、双倍余额递减法，还是年数总和法？采用后，对当期利润带来哪些影响？
20	固定资产入账依据是什么？固定资产账面价值与实际购买价值是否相符？固定资产评估入账的依据是否充分？评估价值是否过高？
21	生产设备是具有时代感还是富有年代感？其是否具备可变现为王的魅力？
22	在建工程的总投资多少？已投资多少？竣工验收还需投资多少？在建工程投入使用对未来销售收入、利润、融资需求的影响？在建工程是否已抵押？
23	有禁止转让或补交土地出让金后转让的要求？土地是否已抵押？
24	固定资产是否已出租？出租合同的期限和付款方式是什么？出租价格是否合理？承租人是否同意租赁人违约时解除租赁合同或将租金缴纳给银行？
25	短期借款、长期借款、应付票据明细都具备吗？各银行授信金额多少？授信余额多少？到期日？利率水平？是否逾期？五级分类？担保方式？是否有短贷长用现象？
26	应付账款明细？应付账款期限是多少？一年以上应付账款有多少？是否已违约？是否有纠纷？
27	应付账款增长额是多少？是否高于往年增长额？是否高于平时增长额？是否有调整经营性现金净流量的嫌疑？
28	预收账款明细？预收账款金额与合同约定生产进度是否相符？是否已开出预收账款保函？
29	企业营业税缴纳、企业进项增值税、销项增值税各是多少？是否与税单相符？与报表销售收入是否匹配？
30	企业是否享受各种税费减免政策？是否享受各种补贴？
31	企业实收资本多少？注资方式是什么？是否抽逃？

续表

序号	要点内容与分析指导
32	企业资本公积计账是否合理？固定资产评估增值是否符合市场价格？
33	企业经营性现金流入量占销售收入比是多少？
34	投资收益率是否符合同业水平？投资收益中获得现金的比率是否正常？长期投资是否存在不良资产？

第六章　新三板并购中的税务工作指引

新三板并购中的税务工作包括前期分析、中期执行、后期整合。在这个过程中，需要透彻理解并购政策，充分认识潜在风险，把握新三板并购重组过程中的税务筹划要点，做好并购前、并购中、并购后的税收筹划。并购税收筹划没有放之四海而皆准的模式，关键是要通晓税务政策，再结合实例反复推敲磋磨，方可灵活运用，融会贯通。

新三板并购政策、风险解读

如果说2015年是新三板并购重组的元年，那么2016年就是新三板并购重组的爆发年，也是国内整个多层次资本市场并购重组的主战场。一组数据或许可以佐证这一论断。2015年全年，股转公司涉及完成并购重组的事项为508个，交易金额共计127.55亿元。而之前的2014年，整个新三板只有35个涉及资产重组的公告，总交易金额仅14.91亿元。在2016年，截至4月26日，股转公司共出现578个关于资产重组的公告，总交易金额216.62亿元。仅仅不到4个月的时间，已经超过去年全年的并购规模。

在过去的2015年，新三板挂牌公司的并购案例已经为市场瞩目。

南孚电池登陆新三板，借的是亚锦科技（830806.OC）的壳。2015年9月30日，亚锦科技向大丰电器定向发行26.4亿股份购买其持有的南孚电池60%的股权，发行价格为每股1元，重组完成后，大丰电器将直接控股亚锦科技99.81%股权。按这个算法，南孚电池估值大概在44亿元。南孚电池预计2015年实现净利润4.3亿元、2016年实现净利润4.6亿元，10倍PE，看上去不贵。大丰电器是鼎晖投资100%控股的公司，加上鼎晖系其他公司的持股，鼎晖持有南孚电池84.31%股权，所以，鼎晖是这起借壳案的最大推手。

（案例来源：根据“搜狐财经”2016年2月17日《A股也没这么精彩来看看新三板的“十大并购案”》改写）

放眼2016年的新三板市场，各种并购技巧比比皆是。有的是现金收购、有的是发行股份方式、有的是现金加定增、有的是换股吸收合并……不一而足。而并购之后产生的财富效应比主板有过之而无不及。

英雄互娱在完成重组后，股价从2016年的3月22日最低1.33元暴涨到4月22日的160元，仅仅一个月时间翻了120倍。如果当初投资10万元，一个月后就是1200万，简直是天方夜谭。

深圳市子午康成信息科技有限公司借壳波智高远，其旗下的三态速递的净资产为543.39万元，估值却高达5.65亿元。翻云覆雨之间，资产增值5.5998亿元，翻了103倍。

（案例来源：根据“和讯网”2016年5月21日《盘点新三板并购的“大风口”》改写）

随着我国经济的持续发展和产业的升级转型，国家通过出台一系列法规性文件，建立起新三板并购重组的基本框架。整个框架在某些方面仍需坚持和沿用上市公司的并购制度，但在某些方面，如在监管制度方面，相比上市公司制度更灵活，也更鼓励中小微企业在尽可能宽松的制度环境下积极参与并购重组，实现非上市公众公司的做大做强。需要注意的是，并购是一个复杂的系统工程，它不仅仅是资本交易，还涉及并购的法律、政策环境、社会背景和公司的文化等诸多因素，企业必须注意并购前后的风险事项。为此，下面对新三板并购的政策和风险予以解读。

国家鼓励中小企业积极参与并购重组

随着我国经济的持续发展和产业的升级转型，并购重组和产业整合的浪潮渐行渐近。作为我国实体经济不可缺少的组成部分，中小企业将会成为推动我国并购事业发展的重要力量。为了支持中小企业开展并购以及给非上市公众公司提供并购重组具体的法律及法规指导，国家陆续出台一系列法规性文件，建立起全国股份转让系统并购重组的基本框架。

其中，《非上市公众公司收购管理方法》和《非上市公众公司重大资产重组管理方法》明确规定了非上市公司收购的整体程序、信息披露要求、资产重组管理办法等，为新三板挂牌企业的并购与被并购提供了明确的政策支持，如表 6－1 所示。

表 6－1　非上市公众公司并购和重组的制度体系（节选部分）

事项	文件
法律法规	《中华人民共和国证券法》《中华人民共和国公司法》。
规范性文件	《国务院关于全国中小企业股份转让系统有关问题的决定》《国务院关于进一步优化企业兼并重组市场环境的意见》。
部门规章	《非上市公众公司收购管理方法》《非上市公众公司重大资产重组方法》。
业务细则	《全国中小企业股份转让系统非上市公众公司重大资产重组业务指引（试行）》《全国中小企业股份转让系统重大资产重组业务指引 1 号：非上市公众公司重大资产重组内幕信息知情人报备指南》。
自律规则	《全国中小企业股份转让系统非上市公众公司重大资产重组业务指引（试行）》《全国中小企业股份转让系统重大资产重组业务指引 2 号：非上市公众公司发行股份购买构成重大资产重组文件报送指南》。

由于上市公司的并购制度已经运行多年，在实践上被证明是成熟且行之有效的制度。在设计非上市公司的并购制度时，在某些方面仍需坚持和沿用上市公司的并购制度。例如，非上市公众公司的收购制度在收购人准入资格要求、充分发挥财务股份等中介机构的作用、控股股东或实际控制人退出的管理要求、收购人的股份限售要求、违法违规的处罚等方面向上市公司的收购制度进行沿用和借鉴。

但是，与上市公司相比，非上市公众公司以中小微企业为主，企业数量较多。这导致公众公司的并购情况与上市公司相比有差异，在某些方面的制度设计应根据公众公司的具体情况进行适当的修改。例如，在监管方面，公众公司收购的监管范围广而且难度大，监管要求不宜过多、过高，应根据公众公司的特点进行相应调整。另外，公众公司所蕴含的收购机会可能更多，其所涉及的金额可能更小，收购监管制度安排应简便、灵活、高效，鼓励公众公司对外收购，如表6－2所示。

表6－2　上市公司并购重组和非上市公众公司部分并购重组监督行为对比

并购行为	上市公司监督方式	公众公司监督方式
发布收购报告书	备案	信息披露
全面要约收购	强制、豁免	不设强制全面要约
发行股份购买资产	核准	重大资产重组不涉及发行股份或定向发行股份购买资产股东超过二百人的，由证监会核准；重大资产重组不涉及发行股份或定向发行股份购买资产股东未超过二百人的，由NEEQ对信息披露进行审查
单纯重大资产重组	审批	信息披露、监管

灵活的监管制度可以更好地服务于中小微企业并购重组市场的发展，鼓励中小微企业在尽可能宽松的制度环境下积极参与并购重组，实现非上市公众公司的做大做强。

企业并购风险不容忽视

目前，有关“并购失败”的界定主要有两种标准。第一种以并购方是否实现了对目标企业的顺利接管进行评判。如果并购由于遇到种种阻碍而中途流产，则被称为“并购未果”或“并购失败”。第二种以并购后企业中长期的盈利性为依据进行判断。如果并购得以顺利进行，但并购后未达到预期目标甚至导致整个企业陷入困境，则被认定为“并购投资失败”。

尽管企业可以通过并购做大做强，企业在做出并购决定的时候必须充分考虑潜在的风险。为了顺利并购并收到预期效果，在并购前与并购后两个时间点上都应该采取有力的风险规避措施，如表6－3所示。

表6－3　并购前与并购后应该采取的风险规避措施

时间点	风险规避措施
并购之前	在并购开始前，并购双方首先要确定目标企业的并购价格，其主要依据便是目标企业的年度报告、财务报表等，这些报表是否存在隐瞒损失信息或夸大收益信息、对于并购价格的合理性有着严重的影响等行为，企业必须保证报表的准确性，对目标企业的资产或负债进行正确的评估。但是，并购方不能过分依赖报表的账面信息，须确认资产在法律上是否存在，避免并购后出现大量的不良资产。另外，由于并购方在并购成功后要承担目标企业的原有债务，并购方必须确认清楚目标企业的现有负债以及未来负债，避免将来出现债务问题。

续表

时间点	风险规避措施
并购之后	在并购完成后，并购方的经营规模进一步扩大，但是在处理目标公司原有客户以及雇员问题上须小心谨慎。能否保留目标公司原客户会影响预期的盈利性，而目标公司原有雇员是否过多、在岗职员的业务能力是否熟练以及雇员是否会在并购之后离开等都是影响预期生产能力的重要因素。同时，由于不同企业之间存在不同的企业文化，并购完成后，并购方须注意文化整合的风险。如果并购方不能对被并购企业的企业文化加以整合，并购企业的决策就难以在被并购企业中得以有效贯彻，无法实现企业并购的协同效应和规模经济效益。另外，由于未来经营环境的多变性，例如行业的变化、技术的进步以及国际经济形势的改变等，这些都有可能使得企业并购后的经营无法实现既定目标，从而产生经营风险。

总之，并购是一个复杂的系统工程，它不仅仅是资本交易，还涉及并购的法律、政策环境、社会背景和公司的文化等诸多因素，企业必须注意并购的风险事项。

新三板并购重组过程中的税务筹划要点

新三板公司并购重组过程中，通常会涉及企业所得税、个人所得税、增值税、营业税、契税、印花税、土地增值税等，其中，最为重要的是所得税，无论对于企业还是个人，做好税务筹划可以大大降低并购重组的税负成本。

下面，我们根据相关的法律法规提出并购重组过程中 10 个税务筹划要点，供财务总监及其他财务人员参考。

筹划点一：争取特殊性税务处理，递延纳税

在《关于促进企业重组有关企业所得税处理问题的通知》（财税〔2014〕109 号）中，将适用特殊性税务处理的股权收购和资产收购比例由不低于 75% 调整为不低于 50%。

根据这个规定，满足以下条件可申请特殊性税务处理，暂时不用缴纳税款：第一，具有合理的商业目的，且不以减少、免除或者推迟缴纳税款为主要目的；第二，被收购、合并或分立部分的资产或股权比例符合本通知规定的比例（50%）；第三，企业重组后连续

12 个月内不改变重组资产原来的实质性经营活动；第四，重组交易对价中涉及股权支付金额符合本通知规定比例（85%）；第五，企业重组中取得股权支付的原主要股东，在重组后连续 12 个月内，不得转让所取得的股权。

筹划点二：股权收购、资产收购企业所得税做一般税收处理

企业重组并购的一个重要的目的是实现财务的协同效应，如果并购的交易成本过高就会阻碍企业重组并购的步伐，因此为了鼓励企业重组，减少企业重组的成本，《关于企业重组业务企业所得税处理若干问题的通知》（财税〔2009〕59 号）（以下简称 59 号文）对企业重组所得税规定了一般税务处理和特殊税务处理。

根据该规定，企业股权收购、资产收购重组交易，相关交易应按以下规定做一般税务处理：第一，被收购方应确认股权、资产转让所得或损失；第二，收购方取得股权或资产的计税基础应以公允价值为基础确定；第三，被收购企业的相关所得税事项原则上保持不变。例如，如果 A 单位持有甲企业 100% 的股权，计税基础是 200 万元，公允价为 500 万元；乙企业收购 A 单位的全部股权，价款为 500 万元。那么，A 单位的股东股权转让增值额就是 300 万元，需要缴纳企业所得税 75 万元，乙企业收购甲企业股权的计税基础就是 500 万元。

在一般税务处理下，资产收购的所得税处理和一般意义上的企业资产买卖交易的税务处理原则是完全一致的，即被收购方按资产的市场价格或公允价值与计税基础的差额确认资产转让所得或损失；

收购方如果是用非货币性资产进行交换的，应分两步走，先按公允价值销售确认非货币性资产转让所得或损失，再按公允价值购买资产。由于资产收购不涉及企业法律主体资格的变更，因此，被收购企业的相关所得税事项原则上保持不变。

另外，股权收购企业所得税的特殊税收处理问题也值得注意。

根据59号文的规定，企业重组同时符合下列条件的，适用特殊性税务处理规定（股权支付部分，非股权支付额不免税）：第一，具有合理的商业目的，且不以减少、免除或者推迟缴纳税款为主要目的；第二，被收购、合并或分立部分的资产或股权比例符合本通知规定的比例；第三，企业重组后的连续12个月内不改变重组资产原来的实质性经营活动；第四，重组交易对价中涉及股权支付金额符合本通知规定比例；第五，企业重组中取得股权支付的原主要股东，在重组后连续12个月内，不得转让所取得的股权。

以股权收购方式收购企业购买的股权不低于被收购企业全部股权的75%、收购企业在该股权收购发生时的股权支付金额不低于其交易支付总额的85%且符合上述条件的，交易各方对其交易中的股权支付部分，可以选择按以下规定进行特殊性税务处理：第一，被收购企业的股东取得收购企业股权的计税基础，以被收购股权的原有计税基础确定；第二，收购企业取得被收购企业股权的计税基础，以被收购股权的原有计税基础确定；第三，收购企业、被收购企业的原有各项资产和负债的计税基础和其他相关所得税事项保持不变。

除了股权收购企业所得税的特殊税收处理需要注意外，资产收购企业所得税特殊税务处理同样需要注意。

根据59号文的规定，资产收购，受让企业收购的资产不低于转让企业全部资产的75%，且受让企业在该资产收购发生时的股权支付金额不低于其交易支付总额的85%，可以选择按以下规定处理：第一，转让企业取得受让企业股权的计税基础，以被转让资产的原有计税基础确定；第二，受让企业取得转让企业资产的计税基础，以被转让资产的原有计税基础确定。按照上述方式项规定对交易中股权支付暂不确认有关资产的转让所得或损失的，其非股权支付仍应在交易当期确认相应的资产转让所得或损失，并调整相应资产的计税基础。

筹划点三：资产与债权、债务等“打包转让”的运用

根据《关于纳税人资产重组有关增值税问题的公告》（国家税务总局公告2011年第13号）规定：纳税人在资产重组过程中，通过合并、分立、出售、置换等方式，将全部或者部分实物资产以及与其相关联的债权、负债和劳动力一并转让给其他单位和个人，不属于增值税的征税范围，其中涉及的货物转让，不征收增值税。

同时，根据《关于纳税人资产重组有关营业税问题的公告》（国家税务总局公告2011年第51号）规定，纳税人在资产重组过程中，通过合并、分立、出售、置换等方式，将全部或者部分实物资产以及与其相关联的债权、债务和劳动力一并转让给其他单位和个人的行为，不属于营业税征收范围，其中涉及的不动产、土地使用权转让，不征收营业税。

筹划点四：未分配利润、盈余公积的处理

根据国家税务总局《关于落实企业所得税法若干税收问题的通

知》（国税函〔2010〕79 号）第三条“关于股权转让所得确认和计算问题”规定，转让股权收入扣除为取得该股权所发生的成本后，为股权转让所得。企业在计算股权转让所得时，不得扣除被投资企业未分配利润等股东留存收益中，按该项股权所可能分配的金额。

同时，根据《国家税务总局关于企业所得税若干问题的公告》（国家税务总局公告 2011 年第 34 号）第五条规定，投资企业从被投资企业撤回或减少投资，其取得的资产中，相当于被投资企业累计未分配利润和累计盈余公积按减少实收资本比例计算的部分，应确认为股息所得；股息所得为“免税收入”，因此，在股权转让前，可以先分配股东留存收益。

筹划点五：成本“核定”的使用

根据《股权转让所得个人所得税管理办法（试行）》（国家税务总局公告 2014 年第 67 号）第十七条的规定：“个人转让股权未提供完整、准确的股权原值凭证，不能正确计算股权原值的，由主管税务机关核定其股权原值。”

从部分地区实践来看，如海南省按申报的股权转让收入的一定比例（15%）核定计税成本。因此，对于部分近年来迅猛发展的行业而言（如房地产等），如果按照上述方式进行核定的成本大于实际成本，可以适用这一方法进行税务筹划，以降低应纳税所得额。

筹划点六：变更公司注册地址

为了招商引资，发展中西部地区的经济，国家及地方层面都出台了一系列的区域性税收优惠政策，多数经济开发区都出台了财政返还政策。

自 2010 年以来，针对上市公司限售股减持，更是一度出现了所谓的“鹰潭模式”“林芝模式”等，一大批股权转让方实现了成功避税，涉及金额高达数十亿元。各地出台的区域性税收优惠政策或财政返还政策，实际上是降低了实际的税负率。

筹划点七：“过桥资金”的引入

诸如房地产等近年来快速发展的行业在股权转让过程中，面临的一个突出问题就是企业的资产增值过大，相较而言，账面的“原值”过小，从而带来高昂的税负成本，甚至迫使并购重组交易终止。

在实践中，为了提高被转让股权的“原值”，可以通过引入“过桥资金”，变债权为股权，从而实现转让收益的降低，减少税负成本。

筹划点八：搭建境外架构及纳税情况

引入境外架构，可以将直接股权转让转化为间接股权转让，实现税负的降低。

关于间接股权转让，其政策依据有《财政部国家税务总局关于企业重组业务企业所得税处理若干问题的通知》（财税〔2009〕59 号）、《国家税务总局关于加强非居民企业股权转让所得企业所得税管理的通知》（国税函〔2009〕698 号）、《国家税务总局关于发布〈企业重组业务企业所得税管理办法〉的公告》（国家税务总局公告

2010年第4号)、《国家税务总局关于非居民企业所得税管理若干问题的公告》第六条第（一)、（二）项（国家税务总局公告2011年第24号)、《国家税务总局关于非居民企业股权转让适用特殊性税务处理有关问题的公告》（国家税务总局公告2013年第72号)、《财政部国家税务总局关于促进企业重组有关企业所得税处理问题的通知》（财税〔2014〕109号）等。这些文件中的具体条款在此不予示列，我们归纳出了间接股权转让的纳税义务如下：纳税义务人未依法扣缴或者无法履行扣缴义务的，非居民企业应该自合同、协议约定的股权转让之日（如果转让方提前取得转让收入的，应自实际取得股权转让收入之日）起7日内，到被转让股权的中国居民企业所在地主管税务机关（负责该居民企业所得税征管的税务机关）申报纳税企业所得税。非居民企业未按期如实申报的，依照税收征管法有关规定处理。

关于间接股权转让，国家税务总局（税务总局）于2015年2月6日在其官方网站发布了国家税务总局公告〔2015〕7号（以下简称7号公告)，阐释了境外间接股权转让的关键问题。7号公告废止了现行的相关税收文件，并引入了一套全新的政策和征管机制。7号公告适用于“间接转让中国应税财产”的行为。“中国应税财产”包括中国境内机构、场所财产，中国境内不动产，在中国居民企业的权益性投资资产等。7号公告规定了判断合理商业目的通常应考量的七项因素，以及四项不利于证明合理商业目的判定的情形。7号公告对符合条件的间接股权转让交易（主要指集团内部重组）、在公开市场买卖上市境外企业股权及适用税收协定保护等间接转让情形给予了“安全港”待遇。对存在避税嫌疑的交易行为，主管税务机关可以根据一般反避税的规定进行立案调查及调整。如果交易应在中国缴纳企业所得税，交易对价的支付方负有代扣代缴义务。支付方未履行扣缴义务的，将可能面临罚款。如果支付方没有扣缴，则股权转让方应履行申报和纳税义务。股权转让方未履行纳税义务的，将会被按日追加利息。总体来说，间接股权转让在中国不产生纳税义务。

筹划点九：分期缴纳税款的争取

根据《关于非货币性资产投资企业所得税政策问题的通知》（财税〔2014〕116号）的规定，"居民企业以非货币性资产对外投资确认的非货币性资产转让所得，可在不超过5年期限内，分期均匀计入相应年度的应纳税所得额，按规定计算缴纳企业所得税。"

对于个人股东在并购重组过程中存在的纳税金额过大，缺少必要资金的现实问题，实践中，部分地区税务机关采取了与个人签署协议，分期缴纳税款的做法，并购企业及个人也可以善加利用。

筹划点十：纳税义务发生时间的筹划

根据《国家税务总局关于贯彻落实企业所得税法若干税收问题的通知》（国税函〔2010〕79号）文件规定：企业转让股权收入，应于转让协议生效且完成股权变更手续时，确认收入的实现。根据《股权转让所得个人所得税管理办法（试行）》（国家税务总局公告2014年第67号）规定："具有下列情形之一的，扣缴义务人、纳税人应当依法在次月15日内向主管税务机关申报纳税：（一）受让方已支付或部分支付股权转让价款的；（二）股权转让协议已签订生效的；（三）受让方已经实际履行股东职责或者享受股东权益的；（四）国家有关部门判决、登记或公告生效的；（五）本办法第三条第四项至第七项行为已完成的；（六）税务机关认定的其他有证据表明股权已发生转移的情形。”可见，无论是股权转让合同的签订或是价款的支付都会影响纳税义务的产生，需要事先筹划，推迟纳税义务的产生。

上述十种方法并不是孤立的，通常需要综合运用，同时，每一种方式也都或多或少的存在一定的法律风险，并购重组方需要控制其中的法律风险。比如，特殊性税务处理应按要求提交完备的备案材料，“过桥资金”使用过程中，要防范被认定抽逃资金的风险。境外架构的引入可能因缺少“合理商业目的”被税务机关“穿透”，利用区域性税收优惠政策变更注册地时，需要防范政策变更以及财政补贴不能兑现的风险。企业及个人在设计税务筹划方案的过程中，防范法律风险具有同样重要的地位。

并购前的税收筹划

在新三板并购税务工作的三个阶段中，前期的税收筹划尤为重要，因一旦签署收购协议，不管结果是好与坏，过程都不可逆。例如，长虹收购法国汤姆逊，收购完成之后发现汤姆逊显像管技术已经过时，而且汤姆逊还有巨大的债务黑洞，但长虹此时已回天乏术，失败的并购整合让长虹遭受了巨大损失。这都是由于前期并购分析以及尽职调查环节出现了重大问题。

前期的税收筹划首先应仔细评估被收购标的的价值所在，并购后能否成功消化整合，虽然“蛇吞象”式并购让人激动，但让一条蛇消化一头大象其难度可想而知，如收购 IBM 的柳传志在收购之前所言：“做得好，一步登天，做得不好，打入地狱。”除了评估被收购标的的价值，还要注重控制风险，如经营风险、资产负债风险等，在我国负债风险尤为重要（包括或有负债）。总之，做并购必须学习好怎么样做前期并购的税收筹划，要做足功课。

并购大体分成三类，一是横向并购，二是纵向并购，三是混合并购。选择哪一种并购方式，是在前期就要确定的，由于它们各有不同，因此要根据具体情况做好税收筹划工作。

横向并购的税收筹划

并购企业若选择同一行业生产同类商品的竞争对手作为目标企业，则是横向并购，以达到消除竞争、扩大市场份额、增加垄断实力、形成规模效应的目标。横向并购涉及在同种商业活动中经营和竞争的两家企业。从税收的角度来看，横向并购的企业经营范围一般不发生变化，因此并购后应纳税种与纳税环节将不变。但由于企业并购后规模的变化，横向并购将可能导致企业的增值税及所得税纳税人属性的变化。

在增值税税种中，上市公司收购的小规模纳税人由于并购后规模扩大，可变为一般纳税人，从而可以抵扣增值税进项税额。企业经测算若作为一般纳税人可以减低税负，则可将目标企业设为子公司；若保持小规模纳税人税后利益最大，则可将目标企业设为分公司。在企业所得税中，上市公司收购的小型微利企业可能随着企业规模扩大不再符合小型微利企业的标准，使企业所得适用的税率上升，此时，应将目标企业设为子公司，与并购企业分别缴税。

纵向并购的税收筹划

纵向并购发生在处于生产经营不同阶段的企业之间。从税收的角度来看，纵向并购将给并购企业带来如下影响：首先，纵向并购的企业与横向并购相同，会面临因规模扩大而导致纳税人身份和属性的变化问题。其次，对并购企业来说，向供应商购货或向客户销货变成企业内部购销行为，增值税、消费税原有的纳税环节可以减少。尽管从理论上来讲，其总体税负是不变的，但考虑到货币的时间价值，如果能使企业纳税时间推迟，也能使企业获得节税利益。此外，如果目标企业有大量期初存货可以用于抵扣，则并购企业在并购当年的应纳增值税额就会减少。最后，由于纵向并购使企业延伸到了其他领域，还可能会改变其纳税主体属性，增加其纳税税种和纳税环节。例如，钢铁企业并购汽车企业，将增加消费税税种，增加了消费税的纳税环节；石油行业中的石油生产企业并购上游采矿企业，就需要缴纳资源税。

由此看来，由于企业并购后规模的变化，其所适用的税率和享有的税收优惠政策可能会相应变化。因此，选择纵向并购时，必须同时考虑纳税人身份、属性、纳税环节，以及适用税率的变化，比较综合的成本和收益。

混合并购的税收筹划

混合并购是从事不相关业务类型的企业间的并购。从税收角度来看，混合并购由于跨入其他行业，其对并购企业造成纳税影响是最大的，混合并购可能大大增加企业的应税种类，对并购企业的纳税主体属性、纳税税种、纳税环节产生影响。例如，机器制造企业如果并购了一家房地产公司，那么并购后的企业除要缴纳原先的增值税和所得税，还要缴纳营业税、契税、房产税以及土地增值税等。如果被并购企业有未抵扣的进项税，则并购企业也无须缴纳所得税，可以实现双赢的局面。

另外，混合并购前也应当关注关联方和亏损弥补方式等税收筹划，因为后者比较简单，而为避免大股东对中小股东利益的损害，上市审核机构对前者要求较高，上市后也需要对关联方进行必要的披露。

并购中的税收筹划

企业并购中的税收筹划，主要是选择哪种并购支付方式进行税收筹划。企业并购的支付方式与税收待遇密切相关，不同的支付方式会导致不同的税收待遇。几乎所有的国家都根据支付方式的不同来确定应税与免税交易。企业并购的支付方式主要有现金支付、股票支付、混合证券支付等。由此带来以下几个问题：现金购买资产还是现金购买股票？现金并购还是定向增发并购？融资决策中如何进行税收筹划？

现金购买资产与现金购买股票

现金支付有两种形式：一是现金购买资产，它是指并购方用现金购买目标公司部分或全部资产，将其并入并购方或对目标公司实施经营管理控制权；二是现金购买股份，它是指并购方用现金购买目标公司的部分或全部股票，对目标企业实施经营管理控制权。

当并购企业决定采用现金收购后，就必须决定用现金购买资产还是用现金股票，两者在税收上负担截然不同。如果收购者在应税收购中购买目标企业的资产，目标企业就要确认应税收益或损失，并就其应税收益或损失缴纳企业层次税收。此外，企业股东还必须为其从目标公司收益中取得的清算收入缴纳税款。因此，现金购买资产产生了双重征税即目标公司股东实际上就其收入被课征了两次税，第一次是以公司名义，第二次是以清算分配名义。

相对而言，如果收购者在直接从目标企业股东手中购买股权，则无论是应税收购还是免税收购，其在公司层次均不需要确认应税收益或损失，目标公司股东仅就其收入缴纳一次所得税。在暂不考虑流转税的情况下，采用现金收购股票比现金收购资产税收利益更大。

现金并购与定向增发并购

整体资产转让中，相对于现金并购，股权支付并购对并购企业和目标企业在税收上有如下优势：对目标企业而言，可以不确认全部转让资产的所得，只需就所转让资产中包含的与非股权支付额相对应的增值部分上缴所得税，无须就全部所得缴纳税款；对并购企业来说，可以利用合并中亏损递减的规定，获得绝对节税的好处；目标企业的股东，由于没有收到并购企业的现金，没有实现资本利得不征税，待股权转让时才征税。因此，股份支付使被并购企业的股东获得了延期纳税的好处。

另外，是定向增发购买股权，还是定向增发购买资产？是定向增发合并，还是换股吸收合并以及混合支付？面对这些问题，按照上述思路便可得到相关税收筹划思路。

融资决策中的税收筹划

利用不同融资方式、融资条件对税收的影响，精心设计企业融资项目，以实现企业税后利润或者股东收益最大化，是税收筹划的任务和目的。我们先举一个简单的例子来说明融资决策中税收筹划的重要性。

某公司计划投资 100 万元生产一种新产品，在专业人员的指导下，制定了三个方案。假设公司的资本结构如下表所示，三个方案的债务利率均为 10%，企业所得税税率为 33%。那么，其权益资本投资利润率如表 6－3 所示。

表 6－3　A、B、C 不同方案的权益资本投资利润率

项目	A 方案	B 方案	C 方案
债务资本∶权益资本	0∶100	20∶80	60∶40
息税前利润（万元）	30	30	30
利率	10%	10%	10%
税前利润（万元）	30	28	24
应纳税额（万元）	9.9	9.2	7.9
税后利润（万元）	20.1	18.8	16.1
权益资本收益率	20.1%	23.5%	40.3%

由以上三种方案可以看出，在息税前利润和贷款利率不变的条件下，随着企业负债比例的提高，权益资本的收益率在不断增加。因此，可以选择方案 C 作为该公司投资该项目的融资方案。这说明，通过比较不同资本结构带来的权益资本收益率的不同，选择所要采取的融资组合，可以实现股东收益最大化。

当然，实际进行税收筹划时，所涉及的各种因素要复杂得多，诸如长期借款融资的税收筹划、融资租赁的税收筹划等，这里就不一一阐述了。

并购后企业组织设置方式的税收筹划

我国对分公司、子公司在税收待遇方面有许多不同的规定，这就为并购企业设立被并购企业的组织形式提供了选择空间。并购企业在并购目标企业后，将目标企业设置为分公司还是子公司，并购企业将承担不同的税收负担。

企业与其从属机构的关系，影响着盈亏互抵、税率差异、税收优惠等因素，决定着企业总体税负的高低。因此，分公司和子公司的税收筹划可从上述几个方面考虑。

盈亏互抵情况下的税收筹划

合并、汇总纳税的情况下，分公司或总公司任何一方因经营不善发生亏损时，都可以通过盈亏相抵来实现税负的减轻。因此，如果目标企业与并购企业盈亏情况不一致，则可考虑将目标企业设为分公司，这样可利用分公司的亏损抵减总公司的利润，取得抵减税款的好处。

税率差异情况下的税收筹划

若总公司适用较低所得税税率，而其从属机构适用较高所得税税率，汇总纳税会绝对减少公司所得税税负，从属机构宜采用分公司形式。

税收优惠情况下的税收筹划

子公司是独立法人，承担全面纳税义务，其所得税计征独立进行。若子公司设在国内，可以独立享受免税期、优惠税率等在内的各种税收优惠待遇；若子公司设在国外，也可享受东道国给其居民公司提供的包括免税期在内的税收优惠待遇。

分公司仅承担有限纳税义务则不能享受这些优惠待遇。因此，若目标公司所在行业或生产的产品是属于国家鼓励类的，如高新技术企业，可以获得税收优惠待遇，如果并购企业并不符合税收优惠条件，则目标公司宜采用子公司形式。若目标公司在国外，可享受部分税收优惠待遇，也宜采取子公司形式。

所得税预提。分公司交付给总公司的利润通常不必缴纳预提税。许多国家包括我国，对子公司向母公司支付的股息规定减征或免征预提税。若目标公司不存在税率低或税收优惠等优势，则宜采用总分公司形式，可延迟缴纳企业所得税。

利润汇回。分公司与总公司之间的资本转移，常受法律限制，子公司利润汇回母公司要比分公司灵活得多，这等于母公司的投资所得、资本利得可以保持留在子公司，或者可选择税负较轻的时候汇回，得到额外的税收利益。

第七章　新三板挂牌的主要财务问题及相关案例

解决新三板挂牌过程所涉及的财务问题，将助力公司成功对接资本市场。本章对财务方面存在的问题进行总结并辅以案例说明。这些问题包括：收入问题、税务问题、资产质量问题、现金流量问题、内部控制问题、持续盈利能力问题、重大财务风险问题、业绩连续计算问题、非货币出资的权属不清问题、成本的归集及分配和结转问题。对这些问题进行财务清障，使公司顺利挂牌上市，是财务总监的应尽责任。

收入问题及案例

营业收入反映了公司创造利润和现金流量的能力。收入确认是一个比较复杂的议题，一方面不同行业、不同业务模式适用不同的收入确认政策，另一方面收入具备会计和税务双重属性，且会计与税法、不同税种法规之间在收入确认时点方面都存在差异。

新三板公司收入问题及案例

对于新三板公司收入问题，财务方面存在收入确认不符合会计准则要求的情况，常见的问题包括：收入确认违反权责发生制原则，如以收款或开具发票为依据确认收入；对符合收入确认条件的业务随意延迟确认收入，跨期确认收入进行收益调节；对收入确认依据不充分的业务，如对发出商品确认为销售收入等；收入会计政策的使用不符合企业实际的业务特征，如对提供劳务的业务不采用完工百分比法确认收入，按里程碑或结算进度确认完工百分比等。

规范的思路与方法：对于以收款或开具发票为依据确认收入的，应当核实每笔业务是否符合收入确认的条件，逐笔进行会计差错调整；对于随意延迟确认收入，对不符合收入确认条件的业务确认收入的，应逐笔核实并进行会计差错调整；对于收入确认会计政策与企业业务不相符的，应重新选用会计政策，适用会计政策变更准则进行会计调整。

例如，针对一家采取线上、经销、商超、外销四种销售模式的股份有限公司，规范的思路与方法是：一方面，请该公司结合订单合同的主要条款，补充披露不同模式下收入确认的原则、时点、依据和方法；另一方面，请申报会计师核查公司报告期是否存在利用经销模式提前确认收入等情况发表明确意见。具体实施情况如下：

第一，线上销售模式下的销售流程与收入确认。一是销售订单。线上客户在天猫商城选择商品后，下单并支付。二是销售出库。电子商务部根据客户需求安排发货的同时开具发货单，并通过物流发货给客户并开具出库单，客户收到商品后在网上进行确认。三是收入确认。因网销商品存在七天内无理由退货的特殊性，财务在确认收到货款后根据发货单开具销售普通发票并确认收入。

第二，经销销售模式下的销售流程与收入确认。一是合同签订、销售订单。业务部每年年初与代理商签订框架协议，年度内代理商需要货物时以电子邮件或传真的方式发出订单。二是销售出库。业务部根据订单查询库存情况，根据库存情况确认实际订单发给客户，业务助理在各代理商满足销售授信条件（款到发货、货到付款、短期赊销）后开具发货单，销售会计审核后，由储运部根据发货单安排物流发货，库管开具出库单，根据合同约定，客户收到货品验收后须确认收货清单并传回公司。三是收入确认。财务部门在收到客户确认的收货清单后，根据发货单开具发票并确认收入。

第三，商超销售模式下的销售流程与收入确认。一是合同签订、销售订单。业务部与各商超签订框架协议，年度内客户需要货物时从各商超的供应商系统下采购订单。二是销售出库。业务部根据订单查询库存情况，业务助理根据订单开具发货单，由相关人员审核后，由储运部根据发货单安排物流发货，库管开具出库单，客户在收到货物验收后出具验收单传到公司。三是收入确认。财务部门在收到客户的验收单后，根据发货单开具发票并确认收入。

第四，外销销售模式下的销售流程与收入确认。一是销售订单。国外客户通过电子邮件或传真下达订单，外销部接到订单后给生产办下达要货单。二是安排生产、签订合同、组织发货。由生产办安排生产，生产完成后由外销部制作合同（成交确认书）发给客户确认，将双方签字确认后的合同、箱单和发货清单给报关行，安排定船或定舱，定舱后安排发货并开具出库单及报关，开船后获取提货单发给客户，客户凭提货单收取货物并验收。三是发票开具、收入确认。由于公司主要采用离岸价核算，所以财务在货物离岸出口后根据发货单开具发票并确认收入。

如何确认公司收入

作为利润表的排头兵，营业收入是最重要的报表项目之一，受到的关注度极高，证监会也将其作为 IPO 的硬性指标之一。那么，财务人员如何确认新三板公司的收入呢？《企业会计准则——收入》中描述了商品销售、提供劳务和让渡资产使用权三大类别，企业所得税相关法规规定了九种收入形式（企业所得税法第六条，国税函〔2008〕875 号），增值税相关法规规定了七种销售行为（增值税暂行条例第十九条，实施细则第三十八条）。以下按不同业务模式分别讨论，不限于会计准则和税法法规的分类口径，注重结合常见的业务实际情况进行分析。

第一，从销售方面确认公司收入。按照会计准则的规定，判断公司能否确认收入的一个核心原则是商品所有权上的主要风险和报酬是否转移给购货方，这就需要结合公司的销售模式、渠道，以及收款方式进行确定。具体包括以下几个方面，如表7－1所示。

表7－1　财务人员从销售方面确认公司收入的方法

序号	确认方法
1	销售循环的内控制度是否健全，流程是否规范，单据流、资金流、货物流是否清晰可验证。这些是确认收入真实性、完整性的重要依据，也是上市审计中对收入的关注重点。
2	销售合同的验收标准、付款条件、退货、后续服务及附加条款。同时，还需关注商品运输方式。
3	所谓收入的完整性，即所有收入是否均开票入账，对大量现金收入的情况，是否有专门内部控制进行管理。对于零售企业等大量收入现金的企业，更须引起重点关注。
4	现金折扣、商业折扣、销售折让等政策。根据会计准则规定，发生的现金折扣，应当按照扣除现金折扣前的金额确定销售商品收入金额，现金折扣在实际发生时计入财务费用；发生的商业折扣，应当按照扣除商业折扣后的金额确定销售商品收入金额；发生的销售折让，企业应根据不同情况进行处理。
5	关注销售的季节性、产品的销售区域和对象、企业的行业地位及竞争对手，结合行业变化、新客户开发、新产品研发等情况，确定各期收入波动趋势是否与行业淡旺季一致，收入的变动与行业发展趋势是否一致，是否符合市场同期的变化情况。
6	企业的销售网络情况及主要经销商的资金实力，所经销产品对外销售和回款等情况，企业的营业收入与应收账款及销售商品、提供劳务收到的现金的增长关系。

续表

序号	确认方法
7	资本市场上，出口销售企业向来是各家中介机构和投资机构争夺的焦点，新三板则因企业驱动力不足、运作及规范周期短、中介机构费用低等特点而在这一点上尤其显著。另外，一般商品出口销售的收入确认时点，本质上与内销并无太大差异，只是运输距离更长、运输风险更大。出口销售应以取得提单为收入确认时点，以发货单、报关单、提单等为收入确认公司收入的依据。

第二，经销商模式下确认公司收入的关注点。经销商模式广泛存在于快速消费品、建材等行业，特别是品牌知名度较低、规模不大、处于初级发展阶段的企业。这些企业充分利用了经销商的渠道优势，帮助企业实现快速销售和市场覆盖，大多数情况下是一种双赢的合作模式。从财务核算及中介机构核查的角度主要关注以下几点，如表 7-2 所示。

表 7-2　财务核算及中介机构核查经销商模式的主要关注点

关注点	确认方法
经销商的组织形式	大多数经销商以个体工商户甚至个人的形式存在，因其处于法律监管的边缘地带而具备灵活性的优势，特定阶段和条件下为生产商做出积极贡献。但同时伴随着会计、税务、资金等方面的不规范行为，政府一方面逐步将其纳入重点监管对象，另一方面新《公司法》降低公司设立门槛，在税收优惠等方面加大对小微企业的扶持力度，鼓励个人通过设立公司参与市场经济。鉴于经销商的特殊性，核查和审核中受到的关注度较高，如果挂牌企业的主要经销商均为个人，更容易引起关注和质疑，从长远规划来看，企业应尽可能要求经销商成立公司、规范运作。

续表

关注点	确认方法
与经销商的交易方式	主要包括买断和代理，前者是指经销商作为生产商的客户，双方为购销关系，经销商是独立的经营主体；后者是指双方不存在购销关系，生产商利用经销商的销售资源，经销商只履行代理销售的职责，形式上更像是未签订劳动合同、不是发放工资而是支付提成的雇员。显然这两种交易方式完全不同，会计处理也不同，前者构成正常的销售业务，收入确认政策与一般客户无异；后者只是一种销售渠道，真实销售对象是终端客户，不存在购销关系也就不涉及收入确认。
与经销商的结算方式	如果经销商的形式是个人或个体工商户，即使个体工商户也可以开设对公账户的情况下，大多仍以现金或个人卡（视同现金交易）作为主要结算手段；从生产商的角度，一方面存在为规避税收而不走公司对公账户的考虑，另一方面为方便经销商及时汇款（非工作日无法实时到账），遂开设个人账户用于公司经营。虽然没有法规强制规定公司的销售收款必须通过对公账户执行，但使用个人卡用于公司经营的方式显然更易对资产、收入的完整性产生影响，更容易构成监管漏洞和审计风险。证券市场核查和审核中对此关注度极高，很多的财务造假案例都有现金交易比例较高的情况，如今但凡涉及大量现金交易的行业都事实上成为IPO的禁区，如农业、餐饮等。
支付给经销商的返利	返利是经销商模式下的衍生政策，其基础是生产商与经销商的真实合作和交易，只要取得合法合理的原始凭证，会计和税务上都可以如实确认。但主要的障碍就在于支付返利的方式及其原始凭证，常见的支付返利的方式包括影响下一批的交易总额和单价、作为公司费用、经销商变身公司员工来发放工资或奖金、经销商入股等。
经销商的存货结存和最终销售实现情况	经销商模式下的买断交易，作为采购方的经销商的存货结存情况和销售情况本与作为销售方的生产商没有关系，但在资本市场的巨大利益驱使下，也可能成为上市主体短期内粉饰报表的手段。IPO财务专项检查中将经销商的核查单独作为一题，发行人和中介机构为此在神州大地乃至世界各地奔波数月，新三板项目反馈意见中也频繁涉及经销商的核查情况。对特定行业而言，经销商的详细核查包括实地走访仍是必要的。

第三，提供劳务情况下如何确认公司收入。会计准则中将提供劳务按交易结果能否可靠估计分为两大类处理，交易结果能够可靠估计的，即满足收入可靠计量、经济利益很可能流入、交易完工进度可靠确定、成本可靠计量这四项条件，则按完工百分比法计算和确认收入；交易结果不能可靠估计的，不能按完工百分比法。

之所以准则中对“交易结果不能可靠估计”的情形单独规定并采用最谨慎的方法，主要是因为提供劳务可能持续一段时间，甚至跨年、跨月，而且不同于商品销售在销售前就已经将可能产生的质量风险进行最大限度的控制或已经有了确切结论，提供劳务的过程就是加工的过程，这个过程伴随着质量风险并随时接受客户的监督，即使合同约定了交易总额及支付进度款的结算方式，仍然有可能因己方的问题无法如期收到款项。这样的规定是对谨慎原则形象而彻底的执行。建筑业是最典型的代表，大型工程的施工期可能长达数月甚至数年，虽然通常都会事先签订协议明确合同总额和进度款，但也约定并严格执行逐月的监理报告和进度款审批，一旦产生争议甚至纠纷，使交易结果无法可靠估计，则完工百分比法失去意义。

第四，通过完工百分比法确认公司收入。完工百分比法是权责发生制的具体应用形式之一，旨在准确反映各会计期间的资产状况和盈利情况。

完工百分比法的具体计算公式：本期确认的收入 = 劳务总收入 × 本期末止劳务的完工进度 − 以前期间已确认的收入；本期确认的成本 = 劳务总成本 × 本期末止劳务的完工进度 − 以前期间已确认的成本。其中，劳务总收入、劳务总成本和各期的完工进度是三项必备的已知条件，也是完工百分比法执行的必要基础。这三项要素中劳务总收入最易确定，因其来自企业外部，至少有外部因素的参与并留下痕迹。通常以合同总额为准，但财务核算时要考虑主合同外是否有补充合同，业务部门要考虑实际劳务进度及成本是否已超出主合同约定而需订立补充合同。劳务总成本显然是估计数，而且大多数情况下是主观估计。是否具备估计的条件，以及估计的客观性、准确性是合理执行完工百分比的核心。

各期的完工进度是一组百分比数据，分母是总数量或总金额，通过双方约定或估计得出，分子是当期数量或当期金额，通过测量、统计和计算得出。准则中列举了四种方法（3+1），如表7-3所示。

表7-3 会计准则中关于“完工百分比法”列举的四种方法的适用范围

方法	适用范围
专业测量法	适用范围很有限，仅针对特定的具备测量条件的行业及业务，且对测量机构和人员的专业程度或资质有较高要求；典型的如土方工程、普通道路等。
工作量比例法	适用于劳务量能够可靠估计和计量的行业及业务，最常见的是人工工时，适用于以人力为主要资源的企业。
成本比例法	完工百分比法最常用的方法还是使用了财务概念的成本比例法，以货币为计量单位最为灵活和具备可操作性，也最容易被监管层接受。
直线法	此为兜底方法，故称“3+1”。在上述方法都不适用而又必须采用完工百分比法的情况下适用，主要针对在合同约定期间内持续提供劳务的业务。相反直线法的核心是时间，分子分母都是客观因素，省去了很多麻烦，但适用范围毕竟有限，如常年咨询顾问等。

对企业日常财务核算工作而言，需在财务核算之外建立与之匹配的项目台账制度，以业务项目为基本单位记录业务信息，包括对外产生的收入及收款，对内或对外产生的成本及付款；类似于商品销售的企业，最好引入现代化的信息系统以提高效率。首先需加强

合同管理，对最终交易结果以合同的形式确定，实时跟踪交易进度，酌情签订补充合同并及时更新台账；其次建立以预算为核心的内部控制制度，一方面为确定总额即分母，另一方面在各期按预算的工作量或成本口径执行并记录实际发生情况以确定分子；各期计算完成后应对总体计算结果即报表以及各项目阶段性计算结果做合理分析，各项目结束后应对阶段性及最终结果做事后的合理性分析，必要时做出调整。

第五，不同收入的会计和税务处理。

以上述不同业务模式为主线，简要描述不同收入的会计处理以及相应的所得税和增值税处理，所得税和增值税规定的其他具体类型不在此详述。

对比可见，所得税关于收入确认时点的规定在大部分情况下与会计处理保持一致，事实上《国家税务总局关于确认企业所得税收入若干问题的通知》（国税函〔2008〕875 号）也明确了必须遵循权责发生制原则和实质重于形式原则，所列举的商品销售收入和提供劳务收入的确认条件与企业会计准则的规定完全一致。而《增值税暂行条例》则明确，“销售货物或者应税劳务的增值税纳税义务发生时间，为收讫销售款项或者取得索取销售款项凭据的当天；先开具发票的，为开具发票的当天。”实施细则中对部分特殊销售行为的纳税时间进一步明确。可见增值税法对于收入确认时点的规定有别于会计准则和所得税法，可笼统的概括为早于或等于后两者。

在实务中，应正视并允许上述会计准则及不同税收法规之间的差异，特别是增值税法与会计准则的差异。对需接受严格的证券审计的被审计单位而言，在日常财务核算和税收申报过程中可以按照发票处理，所得税年度汇算清缴时应以会计师事务所严格按会计准则调整后的报表为基础，如果存在已发货未开票或提前及其他延迟开票的情形，增值税年度累计销售额与年度财务报表中的营业收入有差异是合理的。

税务问题及案例

新三板挂牌前企业改制涉及的税务问题主要有四个方面：企业改制时资本公积、未分配利润转增股本税务问题；企业改制重组有关契税、营业税、土地增资税问题；企业改制重组有关个人所得税处理和企业改制重组有关股权支付特殊税务处理。

例如，A 公司整体变更时，自然人股东缴纳个人所得税。解决方案是，整体变更时以审计净资产扣除自然人股东缴纳所得税后的净资产为基础折股。也就是说，有限公司整体变更设立股份公司过程中，自然人股东需要缴纳个人所得税。由于公司所有发起人股东均为自然人，公司系以经审计的净资产扣减由于有限公司整体变更设立股份公司所应缴纳的个人所得税后的净资产为基准折股。

企业挂牌新三板以及未来 IPO 都会面对税务问题，很多企业因为税务不合规上市失败，一方面是要补交的税太多，公司没有足够的现金；另一方面是税务的历史问题过多，即便想补也不知道从何开始。

第一，民营公司经营中经常会遇到下面这些税务问题，可以说这是大部分民营企业财务现状，如表 7－4 所示。

表7-4 企业经营中经常会遇到的税务问题

事项	内容
产权结构不明确	产权结构问题经常出现在家族企业和合伙企业中。由于产权结构不明确，导致融资或上市失败的案例很多。土豆被优酷收购，真功夫融资失败，都缘起产权结构问题。
多账核算，财务操作不规范	很多中小企业有几套账：一套账交给税务部门审核，一套账交给银行部门申请贷款，再有一套账用来内部经营管理。当准备IPO或挂牌时，企业会因为不知道用哪套账而陷入两难境地。交给税务部门的账上利润不够多，用内部账就会暴露税务问题。多账经营同样是企业融资的障碍，因为这会影响投资公司和证券公司对企业的估值评价。
重大交易和事项缺乏税务筹划	企业在并购、收购其他公司或者出售业务部门前，会进行尽职调查，审查目标企业或部门经营管理是否合规，是否有潜在的风险。但是，更重要的是企业要计划好退出路径。如果企业进行的是股权投资或财务投资，而不是战略投资，管理层就要清楚投资后资金如何退出。资金退出时就会涉及缴税，如出售股权缴纳25%的所得税，如果再加上股东分红投资所得，还要加上20%的个人所得税——形象地说，每赚1元要向国家上缴大约4毛的税。对一些规模大的公司来说，子公司之间的资金调拨、资产转让、业务转让也有可能涉及税务风险。税务讲究独立交易原则，同一控制人的多个独立公司在进行交易时如果出现资产定价不合理的情形，税务局会对所得税进行问责。

第二，企业的日常经营，以下这些环节非常容易出现税务问题，如表7-5所示。

表7-5 企业日常经营中容易出现税务问题的环节

事项	内容
不合规发票	企业利用不合法的费用票据和进项票据充当发票，在上市或挂牌审计中，假发票很容易被识破。

续表

事项	内容
多账核算	企业内部用多套账来分别对付银行、税务监管部门和老板（也就是做内部核算）。
实物出资	以非货币形式出资而产生的资产是需要缴税的。例如，用技术或专利作价作为注册资本，需先缴纳 20% 的个人所得税。如果是垫资出资，在注册完成后把借款归还，可能构成抽逃资金虚假验资的问题。
辅业剥离，股权划转	主业辅业分离可能需要缴纳流转税，流转税包括营业税、增值税、财产税。子公司之间资产转让需评价资产的公允价值，如果作价不合理，税务部门会对资产进行重新评估。
股改漏洞	股东盈余公积和未分配利润转增股本时，需先缴纳 20% 的个人所得税再转增股本。很多股东不理解为什么权益没有变现到自己的口袋里还要缴个人所得税。但是按照税法的规定，转增股本涉及两个动作，一个动作是分配利润，另一个动作是增资，一旦发生了利润分配就要缴纳个人所得税。
日常经营的关联交易	现在很多公司同时控股多家公司，这些公司之间可能是上下游产业链的关系。不过无论业务上有没有联系，业务上的交易都遵循独立交易原则。例如，A 企业账面上有一千万的闲置资金，A 企业把这笔钱划到子公司 B 企业，事实上发生了借贷行为，而借贷行为必须在财务上有所表现。虽然对 B 企业来说利息是一笔财务费用，但对 A 企业而言，利息构成收入就必须要缴纳相应的营业税和所得税。
税务优惠	高新技术和软件企业享受 15% 的企业所得税率优惠政策。一些不符合要求的企业想占税务便宜一定要慎重。例如，前几年国内一家知名的奶粉企业在申请上市过程中，被审计署查出公司所掌握的高新技术企业资质不符，这家公司需要补交税款并额外缴纳滞纳金，后来上市也被喊停了。

续表

事项	内容
股权激励和股权代持	企业授予员工股权本质上是员工的受雇所得，这意味着这项收入适用高达 45% 的个人所得税税率。在这种情况下，股权激励就是一个合法的避税工具，因为股权激励属于资本转让所得和投资收益范畴，适用 20% 的所得税率。另外，上市前后代持股权可能涉及回归，税务部门认为代持人和实际股权归属人之间发生的转让属于普通股权转让，要缴纳个人所得税。例如，A 企业注册资金 100 万元，小明通过让小刚代持的方式持有 20% 的股权，当 A 企业经过几轮的融资后估值达到 1 亿元时，小明希望从小刚手中拿回此时价值 2000 万元的股权，小明需要缴纳数百万元的个人所得税（适用于累进税率 45%）。
忽视小税种	印花税、车船税、社保等，这些看似税率比较低的税负累积起来也是大数字。

规范的方法与思路

为什么说税务是企业的痒点？因为税务可以帮企业省钱。合理的税务筹划可以帮企业省很多钱，特别是现金。规范的方法与思路如下：

第一，税务问题是企业改制上市过程中的重点问题。在税务方面，中国证监会颁布的主板和创业板发行上市管理办法均规定：发行人依法纳税，各项税收优惠符合相关法律法规的规定，发行人的经营成果对税收优惠不存在重大依赖。企业执行的税种、税率应合法合规。对于税收优惠，应首先关注其合法性，税收优惠是否属于地方性政策且与国家规定不符，税收优惠有没有正式的批准文件。对于税收优惠属于地方性政策且与国家规定不一致的情况，根据证监会保荐代表人培训提供的审核政策说明，寻找不同的解决办法。要重点关注纳税申报是否及时，纳税是否完整，避税行为是否规范，是否因纳税问题受到税收征管部门的处罚。

第二，家族企业希望永久持有部分股权，应该选择公司持股方式，因为公司向公司分红是免税的。如果想通过出售或转减持股权获利，可以采用个人持股或有限合伙持股方式。如果持股人非中国居民，可享受外资持股所得税率 10%，但因为外资所得税是预提的，不作费用扣除，直接按 10% 的税率缴税。

第三，企业设立之初如何构建股权结构，会影响企业未来的税务支出。构建股权结构的第一种方式是公司持股。优势是，被控股公司享有高新技术企业或者西部大开发企业等优惠政策，控股公司享受相同的税收优惠政策；一些费用可以从收入中扣除，控股公司税负可能有所降低；被控股公司之间盈亏可以相抵；被控股公司和控股公司之间分配利润免企业所得税；实物出资递延五年纳税优惠。劣势是双重征税，企业减持获利需缴纳企业所得税，转为控股公司利润后分配给个人股东，需再缴纳 20% 的个人所得税。第二种方式是个人持股。这种方式优势比较明显，即产生利得时只需要缴纳个人所得税，省去企业所得税。劣势是没有优惠政策，不能盈亏相抵，不能扣除费用。当被控股公司分红时，在公司持股方式下需缴纳 20% 的企业所得税，个人持股方式缴纳 20% 的个人所得税。2014 年，国务院出台了差别税率优惠政策，鼓励长期持股，规定持有一年以上上市公司股票的持股人享受 5% 的个人所得税率，持有一个月以上享受 10% 税率。新三板使用相同的规则。企业通过税务筹划挂牌新三板就可以享受这项税务优惠政策。第三种方式是有限合伙企业持股，即公司持股和个人持股方式的混搭，既可以享受到一些公司持股的优惠，如收支相抵和费用扣除，又不视为纳税实体不用直接缴税。有限合伙是目前比较流行的持股结构设计。

资产质量问题及案例

各地新三板挂牌企业数目存在差异，但资产质量总体而言差距不大，尤其是挂牌数量少的地区，其挂牌企业的资产质量与挂牌数量多的地区企业相差无几甚至质量更高。这说明一个问题：只有资产质量良好的企业才能在新三板挂牌，否则其上市将被否决。

例如，某企业创业板上市被否决，原因就是应收账款余额过大，应收账款占总资产的比例每年都在40%以上，风险较大。再如，某企业创业板上市被否决，原因是存货余额较高，占流动资产的比例为33.75%。而且存货周转率呈现连年下降的趋势，2013年为3.67%，2014年为4.92%，2015年上半年仅为1.88%，下降幅度惊人。随着公司应收账款和存货规模的不断增加，流动资金短缺的风险进一步加大。

财务人员关注企业资产质量的要点

企业资产质量良好，资产负债结构合理是企业上市的一项要求。其主要关注点如下，如表7－6所示。

表7-6　财务人员关注企业资产质量的要点

序号	内容
1	应收账款余额、账龄时长、同期收入相比增长是否过大。
2	存货余额是否过大、是否有残次冷背、周转率是否过低、账实是否相符。
3	是否存在停工在建工程，固定资产产证是否齐全，是否有闲置、残损固定资产。
4	无形资产的产权是否存在瑕疵，作价依据是否充分。
5	其他应收款与其他应付款的核算内容，这两个科目常被戏称为“垃圾桶”和“聚宝盆”。
6	关注大额其他应收款是否存在以下情况：关联方占用资金、变相的资金拆借、隐性投资、费用挂账，或有损失、误用会计科目。关注大额“其他应付款”是否用于隐瞒收入，低估利润。
7	财务性投资资产，包括交易性金融资产、可供出售的金融资产等占总资产的比重，比重过高，表明企业现金充裕，上市融资的必要性不足。

资产质量的评价分析可以从以下几个方面展开：

第一，资产获利能力评价。一般来说，在评价企业获利能力时常用的财务指标有销售毛利率、销售净利率、净值报酬率、总资产收益率等指标，笔者认为虽然这四个指标在一定程度上都能体现企业运用资产获取利润的能力，但是相较而言，用总资产收益率来评价企业运用资产获取利润的能力最恰当，最能反映企业资产的质量，其原因如表7-7所示。

表 7-7　评价企业获利能力时常用的四个指标

事项	内容
销售毛利率	主要体现企业的产品或服务获取毛利的能力。销售毛利率高表明企业的产品或提供的劳务竞争能力强，也可能是该产品或行业是暴利产品或暴利行业。产品或服务的获利能力强，是资产获利能力强的必要条件。
销售净利率	主要体现企业产品或服务获取净利的能力，该能力在一定程度上代表了企业经营者的经营管理水平。销售净利率高说明企业产品或服务获取净利的能力强。由于净利润是企业总收入与总耗费的差额，因此销售净利率往往代表企业经营者的经营管理水平。
净值报酬率	主要反映投资者投入的资本及其积累获得净利润的能力。它不但反映企业经营者的经营管理水平，而且也体现了企业经营者运用财务杠杆为投资者赚取超额回报的能力。
总资产收益率	它从总体上反映了企业资产的利用效果，说明企业运用其全部资产获取利润的能力。在评价资产的整体获利能力时，应该重点比较和分析总资产收益率指标，同时适当兼顾销售毛利率、销售净利率和净值报酬率等指标。

第二，企业营运能力评价。营运能力指的是企业资产的周转运行能力，通常可以用总资产周转率、固定资产周转率、流动资产周转率、存货周转率和应收账款周转率这五个财务比率来对企业的营运能力进行逐层分析。营运能力反映企业资产和利用的效率，营运能力强的企业，有助于获利能力的增长，进而保证企业具备良好的偿债能力，因此高质量的资产必定体现为高效的营运能力，如表 7-8 所示。

表 7－8　评价企业营运能力时常用的五个财务比率

事项	内容
总资产周转率	是综合评价企业全部资产经营质量和利用效率的重要指标，反映出企业单位资产创造的主营业务收入净额，体现企业在一定期间全部资产从投入到产出周而复始的流转速度，全面反映企业全部资产质量和利用效率。一般来说，总资产周转率越高，表示企业资产经营管理得越好，取得的主营业务收入就越多，资产的利用效率就越高，周转速度就越快。
流动资产周转率	是评价企业资产利用效率的另一主要指标，反映了企业流动资产的周转速度，即流动资产的利用效率。周转率越高，表明流动资产创造的收入多，实现的价值高，企业的赢利能力就强，流动资产的质量就高。一般来说，流动资产周转率高，说明企业在资产的利用上取得了三方面的成绩：合理持有货币资金，应收账款回收快，存货周转快。
固定资产周转率	是用来反映其利用效率的指标。企业要想提高固定资产周转率，就应加强对固定资产的管理，做到固定资产投资规模得当、结构合理。规模过大，造成设备闲置，形成资产浪费，固定资产使用效率下降；规模过小，生产能力小，不能形成规模效益。
应收账款周转率	反映应收账款的变现速度，是对流动资产周转率的补充说明。周转率高，表明企业收账迅速，账龄期限较短，可减少收账费用和坏账损失，从而相对增加企业流动资产的投资收益，因此，应收账款的周转率高，代表应收账款的质量较高。当然，周转率太高，也不利于企业扩大销售、提高产品市场占有率。
存货周转率	是对流动资产周转率的补充说明，是评价企业从取得存货，投入生产到销售收回等各个环节管理状况的综合性指标。存货是流动资产中最重要的组成部分之一，它不仅金额比重大，而且增值能力强。因此，存货周转速度的快慢，直接影响企业的偿债能力及获利能力。一般来说，存货周转率越高，则存货积压的风险就越小，资金使用效率就越高，存货质量高；相反，存货周转率低，说明企业在存货管理上存在较多问题，存货质量较差。

第三，资产结构评价。资产结构是指企业各类资产之间构成的比例关系。资产运营效率在很大程度上取决于资产结构是否合理，

即资源配置是否符合企业生产经营的内在需求，因此资产结构合理与否直接影响企业资产的获利能力，如表7－9所示。

表7－9　评价企业资产结构时常用的三个财务比率

事项	内容
流动资产比率	是指流动资产占总资产的比例关系。流动资产代表企业短期可运用的资金，相对而言，它具有变现时间短、周转速度快的特点。因此流动资产的比率越高，说明企业流动资产在总资产中所占比重越大，企业资产的流动性和变现能力越强，企业承担风险的能力也越强；但通常来说，流动性强的资产获利能力弱，因此过高的流动资产比率并非是好事。
固定资产比率	是指固定资产占总资产的比例关系。固定资产代表了企业的生产能力，固定资产比率过低，企业的生产经营规模受到限制，不能形成规模经济，会对企业劳动生产率的提高和生产成本的降低产生不良的影响，从而影响总资产的获利能力。但是如果固定资产比率过高，超出了企业的需要，其增长超过了销售的增长，不但会影响流动性和变现能力，而且也会对企业产生不良的影响。同时企业生产用和非生产用固定资产应保持一个恰当的比例，生产用固定资产应全部投入使用，能满负荷运行，并能完全满足生产经营的需要，非生产用固定资产应能确实担当起服务的职责。企业非生产性固定资产投资过大，会导致固定资产利用率低，从而降低总体固定资产及总资产的质量。
非流动资产比率	非流动资产是指除流动资产以外的所有资产，主要包括固定资产、长期投资、无形资产、长期待摊费用及其他资产等。非流动资产比率是指非流动资产占总资产的比率。非流动资产代表企业长期可使用的资金，需经过多次周转方能得到价值补偿。过高的非流动资产将导致一系列问题：一是产生巨额固定费用，增大亏损的风险；二是降低了资产周转速度，增大了营运不足的风险；三是降低了资产弹性，削弱了企业的调整能力。因此企业应将非流动资产比率控制在较低水平为好。

第四，资产项目分析。除了利用上述指标对企业资产做出相应评价外，我们还应该对每一种资产逐一进行分析，以便更准确地评

价资产的质量。在对资产项目进行逐一分析时，应该把握以下问题，如表 7－10 所示。

表 7－10 分析资产项目应该把握的问题

事项	内容
应收项目的坏账问题	应收项目包括应收票据、应收账款和其他应收款等。由于存在发生坏账的可能性，因此，应收项目的资产注定要以低于账面的价值量进行回收。企业计提的坏账准备的准确与否直接影响该类资产的质量。
部分资产的减值问题	短期投资、存货、长期投资、在建工程、固定资产、无形资产等资产在期末可能会发生减值，企业计提的各项资产减值准备的准确与否也将影响该类资产的质量。
部分资产的增值问题	由于历史成本原则和谨慎性原则的原因，企业的资产按照企业取得该资产时的成本列账，但随着时间的推移和企业经济环境的变化，企业的一部分资产的实际价值已经超过原来的列账成本。例如企业的固定资产中，有相当一部分将在未来增值，如企业的房地产；由于非流通等原因未能在账面上体现其巨额增值的短期投资和长期投资；一旦实现销售就可产生利润但目前按照历史成本计价的产成品、半成品等。
纯摊销性的“资产”	纯摊销性的“资产”，是指那些由于应计制原则的要求而暂作“资产”处理的有关项目，包括待摊费用、长期待摊费用等项目。这些资产一般不能为企业未来提供实质性帮助，没有实际利用价值。
可以增值实现的“表外资产”	账面上未体现净值，但可以增值实现的“表外资产”，主要包括：已经提足折旧、但企业仍然继续使用的固定资产；企业正在使用，但已经作为低值易耗品一次摊销到费用中去、资产负债表上未体现价值的资产；已经研究和开发成功的成果。企业的研究和开发支出，一般作为支出当期的费用处理，这样，已经研究和开发成功的成果，将游离于报表之外而存在，这种情况经常出现在重视研究和开发、历史悠久的企业。

以上分析是从资产的获利能力指标、营运能力指标以及资产结构分析、资产项目四个方面分别评价资产的质量。在具体评价资产

质量时，应注意对上述指标和因素的综合运用，因为这些指标和因素是相互影响、相互印证、相互补充的。如果一个企业只有部分指标和因素表现较好，而其他指标和因素表现较差，那么这个企业的资产质量也可能存在问题。如果一个企业的营运能力指标较强而获利能力指标较差，表明该企业只有效率而无效益，说明该企业的资产在做无效运转。如果一个企业流动资产的比率较高，同时流动资产周转率又较低，很可能说明该企业的流动资产过剩，超过了企业正常生产的需要。因此，对任何一个企业来说，只有其资产具有较强的获利能力、较高的运营效率、合理的资产结构、金额较大或较重要的资产项目不存在较大的质量问题时，才能说明该企业资产质量较好。

现金流量问题及案例

现金流量反映了一个企业真实的盈利能力、偿债能力和支付能力，现金流量表提供了资产负债表、利润表无法提供的更加真实有用的财务信息，更清晰地揭示了企业资产的流动性和财务状况。

例如，某公司上市被否决，原因是该公司报告期内经营活动现金流不稳定，2014 年、2015 年经营活动现金流量净额为负且持续增大。2015 年 1—9 月，公司经营活动产生的现金流量净额仅为 138.6 万元。公司现金流和业务的发展严重不匹配，因此上市被否决。

现金流量的主要关注点

现金流量主要关注点有以下四个方面，如表 7－11 所示。

表 7－11　现金流量主要关注点

序号	内容
1	分析并披露经营活动现金流波动的合理性，经营活动现金流量净额与净利润的匹配性。

续表

序号	内容
2	经营活动产生的现金流量净额直接关系收入的质量及公司的核心竞争力。应结合企业的行业特点和经营模式，将经营活动现金流量与主营业务收入、净利润进行比较。经营活动产生的现金流量净额为负数的要有合理解释。
3	关注投资、筹资活动现金流量与公司经营战略的关系。例如，公司投资和筹资活动现金流量净额增加，表明企业实行的是扩张的战略，处于发展阶段。此时需要关注其偿债风险。
4	披露各报告期内所有大额现金流量变动项目的内容、发生额、是否与实际业务的发生相符，以及是否与相关科目的会计核算钩稽。特别要注意关注“销售商品、提供劳务收到的现金”“购买商品、接受劳务支付的现金”“收到的其他与经营活动有关的现金”“支付的其他与经营活动有关的现金”“收到的其他与筹资活动有关的现金”“支付的其他与筹资活动有关的现金”“构建固定资产、无形资产和其他长期资产支付的现金”等。

从现金流量表中发现问题

现在财务会计领域基本形成一个核心观点：那就是资产负债表有时候是不可信的，利润表有时候更是不可信的，而现金流量表是最有价值的也是水分最少的。

为什么应该更看重现金流量表，那是因为现金流量表更值得信任，原因如下：第一，现金流量表是根据函证的银行对账单通过简单计算方法“倒推”计算出来的，银行配合做手脚的概率很低。第二，现金流转的每一步都是留痕的，如果企业要通过现金做手脚，不留下痕迹和证据的可能性几乎为零。第三，就算是做手脚或者造假，那么动用大规模资金的成本远比制造一份假合同要高得多。

当然，我们并不否认存货、应收账款科目对公司收入成本的影响，以及收入成本科目的结转对公司生产经营真实性反映的影响。只是我们更应该通过一些会计科目的现象看到更多的本质，看到企业生产经营更深层次的东西。因此，在实践中遇到典型的现金流的问题，需要重点关注现金流量表中的问题，如表 7－12 所示。

表 7－12　现金流量表关注点

序号	内容
1	公司现金流的科目分类是否准确，是否存在混同或者可以混同的情形。
2	公司经营现金流的流入和流出，与公司收入和成本的发生额明显不匹配，这或许是因为不同的商业模式、收入确认甚至是结算方式不同而导致的，但是如果发生这种情况必须要有一个明确合理的解释。
3	公司经营现金流中“其他类”科目金额较大，这种情况必要时需要企业打开并列举明细，同时说明合理性。因为在实践中，投资类和筹资类的现金流基本上比和尚头上的虱子还要明显，基本上谁都不会傻到在这两个科目动什么手脚，但是如果投资和筹资本身有问题怎么办，就有可能在经营现金流里进行“倒挤”，这就可能导致经营现金流量表的失真，最典型的如出资不实的问题。

在实践中，财务人员在很多情况下还是过于关注资产负债表以及利润表的相关数据，某些情况下现金流量表可能是财务人员发现问题的一双慧眼。

内部控制问题及案例

内部控制的设计和执行常见问题存在以下情况：内部控制制度不健全或未有效执行，历史财务会计资料不完整导致会计信息失真。例如，业务交易执行、授权、记录未有效分离，大量随意地更改原始或记账凭证，原始凭证不完整，业务记录不完整、不系统、混乱或无记录，业务记录与会计记录无钩稽关系，账表不符等。

L公司曾因内部控制缺陷而在创业板上市时被否决：报告期内子公司——C公司在未签订正式合同的情况下，即向另一家公司大额发货；同时，L公司对其境外投资的平壤公司未按合营合同规定参与管理。发审委认为申请人L公司在内部控制方面存在缺陷，因而否决了L公司的上市申请。

建立健全内部控制并严格执行

不可否认的是，政府相关机构对企业的内部控制越来越严格。主板及创业板上市管理办法均对发行人的内部控制制度进行了明确规定。值得一提的是2010年4月《企业内部控制应用指引第1

号——组织架构》等18项应用指引以及《企业内部控制评价指引》和《企业内部控制审计指引》颁布，自2011年1月1日起在境内外同时上市的公司施行，自2012年1月1日起在上海证券交易所、深圳证券交易所主板上市公司施行，择机在中小板和创业板上市公司施行。因此，企业应按照相关要求，建立健全内部控制并严格执行。

规范的思路与方法

内部控制薄弱，影响了财务报表的真实性，企业应在中介机构的辅助下，根据企业的实际情况梳理并完善内部控制制度。

第一，健全内部控制制度并对历史财务信息规范之后，应当切实执行内部控制制度，做到有监督、有记录、有反馈。

第二，对历史上存在财务核算基础薄弱，证、账、表不符情形的，应考虑重新审核原始凭证进行账务调整，或重新进行会计核算。

关于内部控制问题，前面各章节已从不同角度进行了阐释，因此这里不做过多的展开。

持续盈利能力问题及案例

新三板要求具有“持续经营能力”而非“持续盈利能力”，但是，新三板要求不得存在下列可能对持续盈利能力产生重大不利影响的情形：发行人的经营模式、产品或服务的品种结构已经或将发生重大变化，并对发行人的持续盈利能力构成重大不利影响；发行人的行业地位或者发行人所处行业的经营环境已经或将发生重大变化，并对发行人的持续盈利能力构成重大不利影响；发行人最近一个会计年度的营业收入或净利润对关联方或有重大不确定性的客户存在重大依赖；发行人最近一个会计年度的净利润主要来自不能合并财务报表的投资收益；发行人使用的商标、专利、专有技术以及特许经营权等重要资产或技术的取得或使用存在重大不利变化的风险。由此可见，能够持续盈利是企业发行上市的一个前提，有没有持续盈利能力，决定了一家企业能否上市。

盈利能力问题的财务解读

从财务会计信息来看，盈利能力主要体现在收入的结构组成及增减变动、毛利率的构成及各期增减、利润来源的连续性和稳定性三个方面。

从公司自身经营来看，决定企业持续盈利能力的内部因素——核心业务、核心技术、主要产品，以及其主要产品的用途和原料供应等方面。

从公司经营所处环境来看，决定企业持续盈利能力的外部因素——所处行业环境、行业中所处地位、市场空间、公司的竞争特点及产品的销售情况、主要消费群体等方面。

公司的商业模式是否适应市场环境，是否具有可复制性，这些决定了企业的扩张能力和快速成长的空间。

公司的盈利质量，包括营业收入或净利润对关联方是否存在重大依赖，盈利是否主要依赖税收优惠、政府补助等非经常性损益，客户和供应商的集中度如何，是否对重大客户和供应商存在重大依赖性。

因不具备盈利能力而无法上市创业板的案例

首先说明一下这里为什么要提到创业板对盈利能力有要求。主要是出于新三板公司的“转板”考虑。事实上，新三板公司能够实现转板，将获得更多利益，为公司创造更大的发展空间；同时，目前普通企业 IPO 通道中排队的企业非常多，人们热议的“绿色通道”出台之后肯定会大大加速新三板企业挂牌效率。

创业板和新三板的主要区别为上市条件，通俗地说就是门槛不一样。相对来说，创业板要比新三板的门槛高些。这一点在“盈利能力”上就能体现出来，如下面的几个案例：

某公司创业板上市被否决的原因是，其主营产品为药芯焊丝，报告期内，钢带的成本占原材料成本比重约为60%。最近三年及一期，由于钢材价格的波动，直接导致该公司主营业务毛利率在18.45%~27.34%大幅波动。原材料价格对公司的影响太大，而公司没有提出如何规避及提高议价能力的措施。

某公司创业板上市被否决的原因是，公司三年一期报表中对前4名客户销售收入占主营业务收入的比例分别为69.02%、70.57%、76.62%及93.87%，客户过于集中。

对于新三板上市后转板创业板而言，首先，新三板属全国场外交易市场，只是“挂牌”，而非“上市”；其次，就目前来看，新三板挂牌企业转板与公司直接IPO，在程序上没有任何区别。因此，公司财务人员关注“盈利能力”问题，应该有一个发展的视角。就现在的形势来说，“绿色通道”已经箭在弦上。如果等不及“绿色通道”，那么在操作上和要求上与普通企业IPO无异。

重大财务风险问题及案例

在企业财务风险控制方面，中国证监会颁布的主板和创业板发行上市管理办法均做了禁止性规定，包括不存在重大偿债风险，不存在影响持续经营的担保、诉讼以及仲裁等重大或有事项；不存在为控股股东、实际控制人及其控制的其他企业进行违规担保的情形；不得有资金被控股股东、实际控制人及其控制的其他企业以借款、代偿债务、代垫款项或者其他方式占用的情形。

现实中，有的公司就是因为存在重大财务风险问题而被否决，如某公司创业板上市被否决，其原因是控股股东在报告期内持续以向企业转让债权、代收销售款的方式占用了企业大量资金。

重大财务风险，是指损失较大、后果较为严重的风险，这类风险的直接后果往往会威胁经营主体的生存，导致重大损失、使之一时不能恢复或遭受破产。作为上市公司，财务风险控制应该是全程的，要把握好三个阶段：上市前控制；上市中控制；上市后控制。

完善上市前控制，遏制财务风险生成

事前控制就是要采取各种方法与措施对可能发生的财务风险进行预警，以便企业早做准备减少或规避财务风险可能带来的损失。事前控制手段包括各种规章制度的建立和完善，如优化上市公司财务治理组织架构，加强上市公司对外担保管理制度，完善上市公司财务运行机制，构建上市公司财务风险预警系统。其中最重要的事前控制手段应该是财务预警模型的有效运用。

强化上市中控制，阻断财务风险传导

事中风险控制是事前风险防范的延伸。主要控制方法和相应的对策有：在股票市场投资存在较大风险时可以选择投资于风险相对较小的债券或者投资于国债，降低投资风险；采取多角经营、多方投资、多方筹资、外汇资产以分散风险；购买保险，企业可以通过购买财产保险的方式将财产损失的风险转移给保险公司承担；在对外投资时，企业可以采用签订联营投资合同的方式，将投资风险部分转移给参与投资的其他企业；在从事跨国经营业务的企业里，企业通常会面临汇率变动风险，为转移汇率风险，企业可以与银行或外汇经纪公司以及证券公司等签订远期外汇合约、外汇期货合约、外汇期权合约，对外币业务进行保值，以分散由于汇率变动带来的汇率风险。各种财务风险控制策略，各有自己的适用范围和条件，风险管理者应该结合具体情况，灵活运用各种策略，从而达到控制财务风险的目的。

规范上市后控制，实现财务风险闭环控制

事后控制就是对已经发生的财务风险损失进行处理，针对造成的损失采取相应的对策，减轻损失对企业的冲击，增强企业抵御风险和弥补损失的能力，具体方法如表 7－13 所示。

表 7－13　公司上市后财务风险控制方法

方法	实施要领
建立风险档案	即将以前发生的风险记入风险档案，以便从中吸取教训，对后来经营管理者起警示作用。财务风险管理档案的设计，根据每个上市公司所处的行业和经营范围的不同而有变化，但其本质的要求是不变的。
运用债务重组	当企业遇到困难无法偿还债务时，作为债务人可以向债权人提出申请进行债务重组。债务重组的前提就是债权人要做出让步，债权人必须同意发生财务困难的债务人现在或将来以低于重组前的债务金额偿还债务，让步的结果是：债权人发生债务重组损失、债务人获得债务重组收益。这样既可使债权人的债权得到一定的偿还，又能保证债务人继续经营，最大限度地降低经营风险，使发生的损失得到较好的控制。
建立风险基金	企业建立的风险基金主要包括偿债基金和各种准备金。偿债基金主要可以用来防御企业负债，尤其是长期负债给企业带来的财务风险。企业应该根据生产经营情况以一定方式从留存的收益中计提一定的偿债准备金，为以后的债务偿还提供资金来源。各种准备金主要是指计提的各项资产减值准备。新会计制度要求企业计提八项资产减值准备，使得企业资产一旦遭受巨大损失时，能利用准备金提高企业抵御各种财务风险的能力。上市公司财务风险控制课题的研究不论是在国内还是在国外，尚属较新的课题，也未形成定论，还需要我们做进一步的研究，以丰富其理论。

业绩连续计算问题及案例

在新三板挂牌过程中，经常有公司整体改制，这就涉及业绩连续计算的问题。

某公司2010年成立，原先计划在国内上市并于2013年由企业进行股改；2015年，因该公司负责人改变计划，欲转往香港上市并在2015年8月搭建海外BVI架构，该公司转变为外商独资有限公司（股份有限公司转成有限公司）。现企业负责人看到新三板的融资能力大幅改善，又打算在新三板挂牌。企业负责人经过咨询，专业人士给他的答复是，虽然股份转有限没有明确规定说能连续计算业绩，但如果是按审计账面值转有限公司，没有重新建账，是可以连续计算的。

业绩连续计算的限制因素

中国证监会发行审核委员会《关于首次公开发行股票审核工作的指导意见》的第二款第（三）条规定："公司在最近三年是否连续盈利。包括但不限于：公司在最近三年内发生的重大重组行为

（包括公司整体资产置换、公司分立等）对公司的资产、负债、经营业绩产生了重大影响，发审委可以判断是否可以连续计算重组前原企业的三年盈利业绩。”具体判断标准，有以下两个方面：

一是中国证监会《关于拟发行上市公司改制重组指导意见》（征求意见稿）第十八条规定：“拟发行上市公司最近三年（不足三年的应包括原企业）发生的重大资产（含股权）置换、收购（包括合并）或出售、增减资本，特别是这些行为导致拟上市公司控股股东变更，或1/3以上管理层发生变化的，应自变化之日起至少独立运行一个完整会计年度，方可提出发行上市申请。”

上述“重大资产（含股权）置换，收购（包括合并）或出售、增减资本”是指达到下列情形之一：置换、收购或出售的资产的总额占拟发行上市公司最近经审计后总资产（按合并计算）的30%以上，但不超过70%；支付或收取置换、收购或出售资产的价款占拟发行上市公司最近经审计后总资产30%以上，但不超过70%；置换、收购或出售资产相关的利润占公司最近经审计后总利润30%以上，但不超过70%；公司注册资本增加或减少超过30%，但不超过70%。依照规定有公积金转增股本或以未分配利润送股，或进行等比例缩股的除外。

二是拟发行上市公司发生资产（股权）置换，收购或出售、增减资本幅度（按上述口径）超过70%，并且改变主营业务的，公司应自上述变化之日起至少独立运行三个完整的会计年度，方可提出拟上市申请。

另外，中国证监会还规定，拟发行上市公司发生资产（股权）置换、收购或出售、增减资本的，应聘请有证券、期货从业资格（《证券、期货相关业务许可证》）的中介机构承担验资、资产评估、审计等业务。若聘请没有证券、期货从业资格的中介机构承担上述业务，在申请发行上市前，须另聘有证券、期货从业资格的中介机构复核并出具专业报告。

业绩连续计算的方法

中国证监会《首次公开发行股票公司申报财务报表剥离调整指导意见》（征求意见稿）第八条规定："剥离调整应以改制确定的公司架构为前提，按报告期各会计期间实际存在的公司架构的各构成实体进行编制。如果在报告期内发生新设合并的，报告期的财务报表应按合并后公司架构编制；如果在报告期内发生吸收合并或控股合并的，报告期财务报表应当分段编制，在合并基准日前各会计期间应按合并后公司架构编制财务报表；如果报告期内发生分立的，报告期财务报表应按分立后公司架构编制；如果在报告期内发生资产置换的，报告期财务报表应分段编制，在资产置换基准日前各会计期间应按原公司架构编制财务报表，在资产置换基准日后各会计期间应按置换后公司架构编制财务报表。"

非货币出资的权属不清及案例

非货币出资的权属不清的常见问题是，出资人以无法证明其所有权的非货币资产进行出资。例如，以属于公司的实物、固定资产进行出资；以登记在出资人名下的职务成果进行出资等。

北京奥特美克科技股份有限公司于2013年7月23日在全国股权系统挂牌公开转让。根据补充法律意见书、审计报告及公开转让说明书，2006年4月，有限公司股东吴玉晓和路小梅以非专利技术“水资源远程实时监控网络管理系统技术”出资640万元，二人各占比50%。由于该项非专利技术与公司的生产经营相关，不排除利用公司的场地和办公设备，甚至公司的相关技术成果，无法排除出资人职务成果的嫌疑，以此项技术出资存在瑕疵，公司决定以现金对该部分出资予以补正。2012年8月29日，有限公司召开股东会，决议由股东路小梅和吴玉晓分别以现金320万元对公司2006年4月的非专利技术出资640万元进行补正，并计入资本公积。2012年8月31日，兴华会计师事务所出具〔2012〕京会兴核字第01012239号审核报告，对上述补正出资的资金进行了审验，确认截至2012年8月31日，公司已收到上述股东的补足出资，并已进行了合理的会计处理。补正该出资后，公司的注册资本，实收资本不变。

根据北京兴华会计师事务所出具（文号为〔2013〕京会兴审字第01010036号）的审计报告，2012年1月1日，公司资本公积－资本溢价为8,405,000.00元，2012年8月29日，股东以现金补正非专利技术出资，计入资本公积6,400,000.00元，截至2012年8月31日，公司整体变更为股份公司，资本公积科目余额为14,805,000.00元。公司以2012年8月31日净资产折股，根据审计报告，净资产折股中，资本公积折股金额为14,649,878.36元，即股东以现金补正出资而计入资本公积的640万元，通过整体变更折股增加股份，而该股份由全体股东共享，且包含以该专利技术出资的原股东。2012年12月31日，吴玉晓和路小梅合计持有公司51%股权，也就是说，尽管吴玉晓和路小梅以640万元增加资本公积，但是实际上他们两人仅仅将313.60万元分享给其他股东，他们两者还占有640万元的316.40万元的份额。即该现金补正非专利技术出资的方案并未彻底解决出资问题。能彻底解决该类问题的方案是吴玉晓和路小梅以非专利技术减资，然后增资640万元，再将该专利技术无偿转让给挂牌公司。

（案例来源：根据“微口网”2015年6月5日《挂牌新三板财务问题与规范（附案例）》改写）

能挂牌公司和部分IPO公司有大量类似上述出资置换的案例。下面，针对新三板企业非货币出资造成的权属不清问题提出规范思路。

非货币性出资财产未经评估作价或评估作价存在瑕疵及应对措施

拟挂牌公司非货币性财产出资应当依法评估作价。实践中存在

“未经评估，直接以实物购买价格或股东协商价格确定出资金额”“虽然经过评估，但所评估的出资财产与公司业务关联性不强或者所评估价值虚高”等问题，这些问题均会引发公司股东出资不实的法律障碍。从已挂牌企业实践经验来看，评估作价瑕疵问题主要出现在实物出资领域，公司一般采用下述方案：

第一，复核出资价值公允性。聘请具备资质的评估公司对非货币性出资财产进行评估。评估基准日分为两类，一是以实物实际出资日为评估基础日，对该出资实物价值进行评估。如果《评估报告》显示，出资实物的评估值不低于该实物对应的出资额，则基本判断不存在出资不实的情形。二是以现年度为评估基准对非货币财产价值追溯评估。评估结果如低于原商定出资作价，则差额部分由股东以现金方式投入公司作为补偿。除采用委托评估公司进行评估的方法外，也有公司根据相同或类似资产公开的报价单、新购资产购置合同、发票、报关单等文件，确定参考数值来复核出资财产是否公允。如果公司认定的出资额不高于该参考数值，则基本判定公司不存在出资不实的现象。

第二，再以现金补充出资。从稳健角度及股东出资公平性角度来考虑，许多公司除复核原出资资产价值外，还会要求相关股东现金补充出资。处理方法为，由公司股东会决议，原实物出资股东以等额货币资金出资的方式对该等未经评估的实物出资进行再出资；公司收款后将上述款项计入资本公积，并出具验资符合报告验证确认。前述补充出资方式，不仅客观上起到了使出资方式符合法律规定的目的，而且将原非货币财产保留在公司，不影响公司经营活动的正常开展。

非货币性财产权属不明及应对措施

在非货币性财产出资中，无形资产出资容易引起主管机关对该出资财产权属是否明确产生疑问。此时，拟挂牌公司需核实出资财产是否属于出资人职务发明、出资人对于该项技术是否拥有完整的所有权或使用权、所出资财产是否存在潜在法律纠纷等情况。

所出资无形财产可能存在权属不清的嫌疑，拟挂牌公司一般都会对该瑕疵出资进行补正，补正方法分为三种模式：

第一，对该部分无形资产作减资处理。此种情况下，由有限公司股东会决议减资，减资部分为股东的无形资产出资部分。完成减资程序后，经股东会同意，该股东可以货币出资方式增加公司注册资本。通过“减资—增资”模式调整公司资本总额及资本结构，实现现金置换效果。该模式的优点是减资、增资流程均有法律明确规定，易为工商登记部门接受，并办理变更登记；缺点在于减资过程中需要按照《公司法》的规定发布减资公告并就债权清偿做出安排，公告期满后才能办理变更登记，耗时较长，程序较烦琐。

第二，直接变更出资形式。由有限公司全体股东同意原出资股东变更出资形式，以等额货币出资置换之前的无形资产出资。公司注册资本保持不变，公司各股东出资额及股权比例均保持不变。在完成置换后，原有的无形资产所有权转归股东所有，需办理无形资产产权移转手续。该种模式的优点在于能够一次性改变公司资本结构，较为快捷。但在实践中，由于《公司法》并未规定可以追溯性的改变公司出资形式，且该种变更不属于法定的变更登记事由。大部分工商登记部门因为法律上没有相关规定的原因，拒绝公司通过现金置换无形资产出资的方案，从而导致公司无法办理变更登记。为保证公司主营业务的稳定性和竞争力，股东通常需要采用无偿赠予、无偿许可使用等方式保证该无形资产仍由公司使用。

第三，认定无形资产属于公司所有，股东补充出资。如股东取得该无形资产的客观条件使该无形资产足以被认定为职务发明。在该种情况下，可考虑直接将该无形资产认定为职务发明，将其自始归属于公司资产。此时，股东需要以等额的货币资金补充出资。

非货币性出资财产转移手续存在瑕疵及应对措施

第一，因未完成出资财产法律转移手续而导致公司出资存在瑕疵。首先，考虑补充办理资产移交手续，并通过验资程序加以验证。其次，如果该权属的移转必须以登记为准但却无法办理，则需要进一步考虑通过变更出资方式、减资等方式实现现金置换。

第二，出资财产虽已经转移但却无验资报告（或验资报告自身存在缺漏）导致出资瑕疵。首先由具有证券资格的会计师事务所出具验资复核报告。在非货币出资已消耗或出售，无法复核的情况下，可进一步考虑根据出资时的记账凭证、入库单、购置发票、税票等资料加以合理解释。根据全国股份转让系统挂牌指引要求，非货币性财产出资应当符合“评估作价”“权属明确”和“完成财产权转移手续”三项要件。实践中出现不符合前述一项或多项要件的出资时，除正文所述解决措施外，往往还需要“出资股东出具承诺、第三方机构出具证明”等辅助措施解决原出资瑕疵。建议拟挂牌企业尽早重视出资瑕疵问题并予以规范，为新三板挂牌奠定良好基础。

成本的归集、分配与结转及案例

成本的归集、分配与结转的常见问题：一是与收入相关的成本归集范围不清晰导致成本核算失真，如将期间费用（如管理人员薪酬、办公费用、销售费用等）归集到营业成本，便于做高成本少交流转税，将应当生产成本支出归集为研发支出便于抵扣企业所得税等；二是成本支出未进行合理分配，导致各类产品收入的财务比率失真或不可比；三是确认收入时未相应地结转成本。

针对某公司营业成本和期间费用各组成部分的归集是否合理，是否存在调节毛利率的情形，会计师事务所按审计程序核查了公司的营业成本和期间费用归集情况。公司营业成本归集的是已销售商品的采购成本（按合同的约定为供应商送达公司配送中心的采购成本），期间费用归集的是经营、管理、融资活动发生的不能直接归入成本的当期开支，主要为经营管理人员的工资薪酬、福利、社保费用、物业租金、折旧与摊销、水电费用、办公费用、业务宣传费等。审计师核查测试时未发现将采购成本计入期间费用的情况。另外，从信息管理来分析，营业成本的确认与存货在进销存系统中单独管理，与采购进价直接相关。从公司毛利率变动情况来分析，公司毛利率比较稳定，与行业的情况相符。经核实，审计师认为营业成本和期间费用各组成部分的归集是合理的，不存在调节毛利率的情形。

（案例来源：根据“微口网”2015 年 6 月 5 日《挂牌新三板财务问题与规范》改写）

成本归集、分配与结转规范的思路与要点

企业成本核算的一般程序是指将企业在生产经营过程中发生的各项费用，按照成本核算的要求，逐步进行归集和分配，最后计算出各种产品的生产成本和各项期间费用的基本过程。成本归集与分配不清晰是会计基础薄弱的表现，企业应当梳理业务流程，规范成本核算。报告期内成本归集与分配不清晰的，应当依据重要性原则对重大的成本支出归集与分配进行差错调整；对未在确认收入的同时进行成本结转的，应当进行会计差错调整。具体来说，要把握以下几个要点：

第一，审核和控制各项费用支出。企业要对各项费用进行审核和控制，需要根据国家的有关规定确定费用该不该开支。其中，对于应开支的费用，企业不应计入生产经营管理费用；而对于应计入的费用，企业还要考虑是计入生产费用还是计入经营管理费用。也就是说，企业应在对各项费用的合法性进行审核和控制的基础上，做好费用界限划分的工作。

第二，正确处理费用的跨期摊提工作。将本月开支但应留待以后月份摊销的生产经营管理费用，留待以后月份摊销；将以前月份开支的、应由本月负提的费用，摊入本月产品成本和经营管理费用；将本月尚未开支但应由本月负担的费用，预提计入本月的产品成本

和经营管理费用。

第三，生产费用在各种产品之间进行分配和归集。对应计入本月产品成本的各项生产费用，在各种产品之间进行分配和归集，并按成本项目分别反映，计算出按成本项目反映的各种产品成本。这是本月生产费用在各种产品之间的横向分配和归集。

第四，生产费用在完工产品与月末在产品之间进行分配和归集。月末，对于既有完工产品又有在产品的企业来说，应将月初在产品成本与本月生产费用之和在本月完成产品与月末在产品之间进行分配和归集，计算出该种产品的完工产品成本和月末在产品成本。这是生产费用在同种产品的完工产品与月末在产品之间的纵向分配和归集。

产品成本归集、分配和结转的方法

产品成本的归集、分配和结转的方法主要包括品种法、分批法、逐步结转分步法、平行结转分步法和作业成本法，它们构成了成本核算体系，如表 7－14 所示。

表 7－14　产品成本归集、分配和结转的方法

方法	内容与适用范围
品种法	也称简单法，是以产品品种为产品成本计算对象，归集和分配生产费用，计算产品成本的一种方法。它主要适用于大量大批的单步骤生产企业，深受这些企业的青睐。品种法主要适用于大量大批的单步骤生产企业，如发电、供水、采掘等企业。在大量大批多步骤生产的企业中，如果企业规模较小，而且管理上又不要求提供各步骤的成本资料时，也可以采用品种法计算产品成本。企业的辅助生产车间也可以采用品种法计算产品成本。

续表

方法	内容与适用范围
分批法	是按照产品批别归集生产费用、计算产品成本的一种方法。在小批单件生产的企业中，企业的生产活动基本上是根据订货单位的订单签发工作号来组织生产的，按产品批别计算产品成本，往往与按订单计算产品成本相一致，因而分批法也叫订单法。它适用于单件、小批生产类型的企业，主要包括：单件、小批生产的重型机械、船舶、精密工具、仪器等制造企业；不断更新产品种类的时装等制造企业；新产品的试制、机器设备的修理作业以及辅助生产的工具、器具、模具的制造等，亦可采用分批法计算成本。
逐步结转分步法	也称顺序结转分步法，它是按照产品连续加工的先后顺序，根据生产步骤所汇集的成本，费用和产量记录，计量自制半成品成本，自制半成品成本随着半成品在各加工步骤之间移动而顺序结转的一种方法。多步骤复杂生产的大批量生产企业可以运用逐步结转分步法，具体说有下列企业：一是半成品可对外销售或半成品虽不对外销售但须进行比较考核的企业，如纺织企业的棉纱、坯布，冶金企业的生铁、钢锭、铝锭，化肥企业的合成氨等半成品都属于这种情况。二是一种半成品同时转作几种产成品原料的企业，如生产钢铸件、铜铸件的机械企业，生产纸浆的造纸企业。三是实行承包经营责任制的企业。对外承包必然在内部也要承包或逐级考核，需要计算各步骤的半成品成本。
平行结转分步法	平行结转分步法适用于多步骤复杂生产，总体来说，只要不要求提供各步骤半成品成本，前举的运用逐步结转分步法的企业都可运用平行结转分步法。随着我国企业经济责任制的推行，企业普遍实行内部经济责任制和责任会计，尤其是在建立社会主义市场经济的进程中，大量的企业要按《公司法》的规定进行规范化改组，企业内部的责权利的实施在很大程度上依赖于各车间的成本指标考核，必然要求各车间要计算半成品成本。所以，平行结转分步法的运用范围将大大缩小，更多采用逐步结转分步法。平行结转分步法具体运用于下列企业：一是半成品无独立经济意义或虽有半成品但不要求单独计算半成品成本的企业，如砖瓦厂、瓷厂等。二是一般不计算零配件成本的装配式复杂生产企业，如大批量生产的机械制造企业。

续表

方法	内容与适用范围
作业成本法	作业成本法一般指ABC成本法，现代管理学将ABC成本法定义为“基于活动的成本管理”。ABC成本法是根据事物的经济、技术等方面的主要特征，运用数理统计方法，进行统计、排列和分析，抓住主要矛盾，分清重点与一般，从而有区别地采取管理方式的一种定量管理方法。在美、日和西欧诸国的企业，尤其是竞争激烈和人工成本很低的高新技术企业，作业成本法得到了广泛的应用。

附录一　资产评估业务约定书

资产评估业务约定书

编号：　　　号

委托方（甲方）：

委托方住所：

受托方（乙方）：

受托方住所：

根据《中华人民共和国合同法》《资产评估准则——基本准则》《资产评估准则——业务约定书》及其他有关法律、法规的规定，甲方根据业务需要，委托乙方对甲方所指定下述评估对象和评估范围进行评估。甲乙双方经友好协商就有关事项约定如下。

（一）资产评估目的

为委托方拟股份制改造提供股东全部权益价值参考。

（二）评估对象和评估范围

评估对象为广州市×××实业有限公司股东全部权益价值，评估范围为广州市×××实业有限公司股东全部权益价值所涉及的全部资产和负债。

（三）资产评估基准日

本项目评估基准日为　　　　　　年　　月　　日

（四）资产评估报告使用者

本次业务约定出具的评估报告仅供甲方和甲方申报股份改造的工商登记使用，法律、法规另有规定的除外。

注册资产评估师和评估机构对委托方和其他评估报告使用者不当使用评估报告所造成的后果不承担责任。

未经甲方书面许可，注册资产评估师和评估机构不得将评估报告的内容向第三方提供或者公开，法律、法规另有规定的除外。

未征得乙方同意，评估报告的内容不得被摘抄、引用或者披露于公开媒体，法律、法规规定以及相关当事方另有约定的除外。

乙方向甲方出具的资产评估报告共计　　份，这些报告由甲方分发、使用，使用不当的责任与乙方无关。

（五）评估报告提交期限和方式

甲乙双方对评估初步结果进行沟通工作结束后　　日内乙方向甲方提交资产评估报告。如因甲方原因影响工作进程，提交报告时间顺延。提交方式为：乙方在其办公地点提交甲方或乙方将评估报告送达甲方办公地点。

（六）评估服务费总额、支付时间和方式、收费金额

按照国家物价局和天津市物价局有关资产评估收费的规定标准，本次评估乙方应收取评估服务费总额人民币壹拾伍万元。该收费是以下述条件为基础计算的：

1. 甲方的资产评估范围、评估基准日、评估目的和评估方法如本约定书的有关条款所约定。

2. 双方履行本约定书所规定的各自的责任。

甲方应在本业务约定书签订当日先支付评估服务费 50%，提供

评估报告（征求意见稿）当日支付评估服务费0，其余部分在评估工作完成交付评估报告时全部付清。

因甲方原因并经乙方同意造成评估业务中止时，甲方应按照已完成的工作量支付相应的评估服务费。

（七）甲方和乙方的其他权利和义务

1. 甲方的其他权利与义务：

（1）甲方应按乙方要求，对委评的资产及有关债权、债务进行一次全面、认真的清查，根据清查结果，填写各类资产和清查评估明细表、汇总表，并按乙方根据工作进展提出的具体时间要求及时提交给乙方，帐、表、物之间如果存在差异，应做出充分、可信的文字说明。委托方或者被评估单位应当对其提供的评估明细表及相关证明材料以签字、盖章或者其他方式进行确认。

（2）甲方应向乙方提供与本次资产评估对应的经济行为批准文件、评估目的的有关资料、评估基准日有关资产档案及财务、会计资料，如系委托整体评估，还应提供相应的资产负债表、损益表及其他必需的财务、会计资料，包括子公司及关联企业的相关资料。

（3）甲方应向乙方提供国家有关部门颁发的各种资产产权归属证明、政府批准文件等。对于不能提供合法产权证明的资产，应该出具书面承诺，承诺甲方或资产占有方拥有合法权属或得到恰当授权对其进行处置；对于被抵押、质押资产、与他人共有资产，诉讼保全资产和其他形式使被评估资产的处置、使用等权力等受到限制的资产应分别做出完整的书面说明。

（4）甲方应为乙方派出的评估人员提供必要的工作条件（如交通、通信、食宿费用等）和协助，并根据评估业务需要指派熟悉情况的有关人员配合工作。委托方应当根据评估业务需要，负责注册资产评估师与相关当事方之间的协调。

（5）甲方对乙方在资产评估中和资产评估报告中存在的疏漏、遗漏、错误之处有权要求纠正；对提出的问题，有权要求予以解答。

（6）甲方和被评估单位应对所提供的所有资料（包括有关委托评估资产的产权证明文件）的真实性、完整性和合法性负责。

2. 乙方的其他权利与义务：

（1）乙方应按本业务约定书载明的委托内容及要求完成评估任务，并按照资产评估准则的要求出具资产评估报告书。

（2）乙方的评估工作是对评估对象的价值进行估算，并发表专业意见。在进行评估工作中，乙方将依据评估有关规范意见的规定对甲方和被评估单位提供的评估对象产权权属证明文件、资料进行关注和必要的查验，并在评估报告中据实陈述采用的查验程序、过程及结论，但乙方不是法定的资产权属鉴证机构，对委托评估资产的产权鉴证工作超出评估工作的范围，不能对委托评估资产的产权关系的真实性、合法性和完整性提供任何保证。

（3）对在评估工作中知悉的商业秘密及资产评估的结果保守秘密。

（4）有关法律、法规规定的其他权利与义务。

（八）业务约定书的中止履行和解除

当评估程序所受限制对与评估目的相对应的评估结论构成重大影响时，评估机构可中止履行业务约定书。当相关限制无法排除时，评估机构可以解除业务约定书。业务约定书中止履行或解除后，评估服务费应当按50%收取。

（九）违约责任和争议解决

1. 根据《资产评估准则——基本准则》第二十三条的规定，遵守相关法律、法规和资产评估准则，对评估对象在评估基准日特定目的下的价值进行分析、估算并发表专业意见，是注册资产评估师的责任；提供必要的资料并保证所提供资料的真实性、合法性、完整性，恰当使用评估报告是委托方和相关当事方的责任。

2. 如因甲方原因致使乙方未能按本业务约定书的时间和要求完成评估任务，乙方不承担违约责任，应照常收取评估费用；因甲方原因终止履约的，已交费用不退，并支付乙方赔偿金。

3. 当评估程序所受限制对与评估目的相对应的评估结论构成重大影响时，乙方可以中止履行业务约定书；相关限制无法排除时，乙方可以解除业务约定书。但如因乙方原因致使乙方未能按本业务约定书的时间和要求完成评估任务，乙方应承担违约责任。

4. 因乙方违约、过失、失密等行为，导致甲方经济蒙受损失的，乙方应承担责任。但如果甲方提供的资料不真实、不齐全、不及时导致评估结果不真实、不准确的，乙方对因此而造成的后果不承担责任。

5. 因发生不可抗力使业务约定书无法履行，根据不可抗力的影响，部分或者全部免除违约方责任，法律另有规定的除外。

6. 业务约定书履行过程中产生争议时争议解决的方式和地点。

7. 其他违约处理情况：________________________________

____

（十）甲乙双方认为应当约定的其他事项

（十一）签约日期：　　　年　　　月　　　日

（十二）本业务约定书一式两份，经双方签署后生效，双方各执一份

委托方（甲方）： （公章）	受托方（乙方）： （公章）
法定代表人： （签章）	法定代表人： （签章）
工商登记注册号：	资产评估资格证书编号：
法定地址：	地址：
邮政编码：	邮政编码：
联系人：	联系人：
电话号码：	电话号码：

附录二　尽职调查提供资料清单

尽职调查提供资料清单

一、法律清单

1. 基本情况（包括公司及公司的全资、控股、参股子公司和联营、合作企业）

1.1　公司历史沿革的说明；

1.2　公司的企业法人营业执照（包括但不限于公司设立时领取的营业执照、历次变更的营业执照及经过最新年检的营业执照）；

1.3　公司设立时的出资协议、股东协议（包括但不限于公司设立时的出资协议、股东协议，现行有效的出资协议、股东协议，以及历次出资协议、股东协议的修改和补充文件）；

1.4　公司股东签署的公司章程（包括但不限于公司设立时的章程，现行有效的章程，以及历次章程的修改和补充文件）；

1.5　除公司出资协议和章程外，请提供公司股东之间签订的与公司或公司的经营有关的其他合同、协议、意向书、备忘录；

1.6　公司的验资报告（包括但不限于设立时的验资报告、历次资本变更的验资报告）；

1.7　公司历次工商变更登记的书面情况说明，以及所有工商登记申请文件（包括公司设立时的工商设立登记申请书（表），其后历次工商变更登记的申请书（表）以及工商局核发的审核意见书（表））；

1.8　所有与公司增资扩股、减资、股权转让、合并、分立、收购兼并、资产置换、资产剥离、对外投资等重大事件相关的协议/合同、与上述重大法律事件相关的政府批准文件或法庭判决；

1.9　与公司股权质押相关的合同和/或批准文件、工商登记备案文件；

1.10　公司现任董事会、监事会人员名单及选举/聘任决议；执行董事，执行监事，股东；

1.11　公司总经理、副总经理（如有）及其他高级管理人员名单以及选举决议/委派书；

1.12　公司股东会历次决议、股东会会议记录和会议通知；

1.13　公司董事会历次决议、董事会会议记录和会议通知；

1.14　公司监事会历次决议、监事会会议记录和会议通知；

1.15　公司完整的组织结构图（包括公司各股东及公司的全资、控股、参股、联营、合作企业等）、不具备法人资格的下属企业或部门（包括分公司、营业部、中心等，下同），结构图应标明控股或参股关系、持股份额、其他持股人名称及持股数量；

1.16　政府部门对公司设立的任何分公司、办事处或其他经营实体的批准文件及对上述分公司、办事处或其他经营实体变更的批准文件（如有）。

1.17　政府主管部门向公司及其全资、控股、参股子公司和联营合作企业及下属部门核发的全部涉及公司及其下属企业、下属部门生产经营的许可性文件，或特许权、特许经营等许可性文件，以及政府有关主管部门向公司及其下属企业、下属部门核发的涉及公司及其下属企业、下属部门生产经营活动的全部通知、决定、批复、复函、许可证、登记备案等文件（如有）；

1.18　请提供公司及其全资、控股、参股子公司和联营合作企业及部门的所有资质证明文件、高科技企业、国家重点扶持企业证书/批复、其他政府认定、资助或扶持项目的证书/批复或其他与公司及其下属企业、下属部门业务相关的证书及奖项（如有）。

2. 股东文件

2.1　公司各股东的现行有效并经过年检的企业法人营业执照、公司章程、最近一年度的审计报告或财务报告及最近月份的资产负债表，其从事的业务情况介绍，其现在董事会成员及高级管理人员名单；

2.2　请说明公司各股东之间是否存在关联关系（包括但不限于是否相互持有股份、一方的高级管理人员是否存在关联双方双重任职情形、是否相互存在重大债权债务关系或管理关系）；

2.3　请确认股东所持有的公司股份是否设置质押，如设置，请提供有关主合同、质押合同和质押登记文件；

2.4　请确认股东所持有的公司股份是否存在被司法冻结、权属争议等其他限制其转让的情形，如存在，请提供该等情形的详细书面说明和相关材料；

2.5　请确认公司股东所持公司股份是否存在委托持股或代持股等相关情况，如存在，请提供该等情形的详细书面说明和相关材料；

2.6　请确认公司股东是否与他人签订转让、回购或质押所持公司股份的协议，如存在，请提供该等协议；

2.7　除上述提及的协议外，请提供公司与公司各股东签订的其他任何协议。

3. 重大资产（包括公司及其全资、控股子公司的情况）

3.1　土地

3.1.1　包括公司及附属公司所占用的全部土地的清单；

3.1.2　土地使用权证、他项权利证、租赁登记证明、抵押登记证明等；

3.1.3　有关政府机关关于土地处置方案的批复；

3.1.4　与土地使用权有关的协议和批准文件（如土地使用权出让合同、转让合同、租赁协议、抵押协议等）；

3.1.5　如为划拨地，请提供国土资源部门出具的关于国有土地使用权划拨的批文，征地费用的支付凭证，包括但不限于土地补偿费、安置补助费、青苗补偿费；

3.1.6　土地使用权出让、租赁、转让所涉及的出让金、租金、转让费和土地使用费的支付凭证，对于出租的土地，请提供出租方有权出租的证明；

3.1.7　请说明是否存在占用集体土地的情况，如有，请提供相关的协议文件；

3.1.8　请提供与土地使用权有关的合作开发合同、联营或合作协议；

3.1.9　请书面确认所提供的土地使用证的内容与土地使用现状是否相符，如有变更土地实际用途而土地使用权证中对变更没有记录，请以列表的方式说明各宗土地的变更情况；

3.1.10　请确认上述土地是否设定了任何抵押、担保，如有，请提供抵押协议、担保协议、抵押登记文件、主债务合同。

3.2　房屋

3.2.1　包括公司拥有的全部自有房产（不包含租赁房产），并请相应提供该表中所填房屋的房屋所有权证、房屋购买协议；

3.2.2　请说明上述自有房屋上是否存在抵押，如是，请提供房屋抵押协议和抵押登记证明文件；

3.2.3　请填写法律两年一期审计清单附表5，该表应包括公司拥有的全部租赁房产，并相应提供该等租赁房屋的租赁协议、租赁登记文件等相应文件；

3.2.4　拥有或租赁的房产的使用、出售、租赁或转让的限制、合约及承诺的详细清单及协议文本；

3.2.5　请确认提供的房屋所有权证上所列的内容与房屋现状是否相符。如有变更而未在房屋所有权证上做记录的（如房屋已拆除，或出售），请以列表的方式说明变更情况，包括房屋所有权证号、发证日期、幢号、面积、原用途、现用途、变更原因、变更时间；

3.2.6　请确认上述房产上是否设定了任何抵押、担保，如有，请提供抵押协议、担保协议、抵押登记文件、主债务合同。

3.3　主要固定资产

3.3.1　请提供详细的固定资产清单；

3.3.2　与在建工程的建设相关的协议，包括但不限于工程承包合同、建设合同；

3.3.3　拥有车辆的车辆登记证；

3.3.4　请确认上述固定资产上是否设定了任何抵押、担保，如有，请提供抵押协议、担保协议、抵押登记文件、主债务合同。

3.4　无形资产

3.4.1　请填写法律两年一期审计清单附表6，列举并说明所拥有的，被许可使用的，或正在申请的所有知识产权，包括但不限于专利、商标、服务标识、商号、品牌、著作权、专有技术、域名、商业秘密和技术工艺等，并提供全部专利权证书、商标注册证、其他知识产权证明及有关申请文件；

3.4.2　就所持有或主张的前述知识产权，请确认是否已缴纳相应的费用（如专利年费）并请提供缴费凭证；

3.4.3　所有现行有效的公司作为一方的知识产权许可使用合同、转让合同以及技术开发合同等，包括但不限于商标、服务标记、著作权、专利和/或专有技术的许可/转让/开发合同及相关登记/备案文件；

3.4.4　目前拥有的特许经营权（如有）的相关证明文件；

3.4.5　请确认上述知识产权上是否设定了任何质押、担保，如有，请提供质押协议、担保协议、质押登记文件、主债务合同；

3.4.6　有关上述知识产权的资产评估报告。

4. 生产经营和项目建设（包括公司及其全资、控股子公司的情况）

4.1　有关公司业务流程、业务管理的情况说明；

4.2　公司生产或经营的产品和服务清单；

4.3　请以书面方式详细描述公司各项产品和服务的业务流程、各项产品和服务的生产经营所对应依赖的资产，包括但不限于房屋、设备/生产线/主要检测仪器、运输、仓储、技术、商标等；

4.4　公司的业务是否变更过，如变更过，是否办理了相关经营项目的批准、变更营业执照和章程、设立新的分支机构并办理营业执照，并应书面说明具体情况；

4.5　政府主管部门向公司核发的全部生产经营许可性文件，或特许权、特许经营等许可性文件，以及政府有关主管部门向公司核发的涉及公司生产经营活动的全部通知、决定、批复、复函、许可证、登记备案等文件；

4.6　请说明公司产品需遵守的国家或行业的定价政策；

4.7　生产许可证；

4.8　公司获得的有关矿产开采的各种许可证件，包括但不限于勘查许可证和采矿许可证（如有）；

4.9　就公司持有的矿权证，请提供公司成立以来和矿权相关的所有缴费证明，包括但不限于探矿权使用费缴纳证明、采矿权使用费缴纳证明、矿产资源补偿费缴纳证明（如有）；

4.10　请确认公司及公司股东是否存在境外经营，如存在，请提供以下文件：

4.10.1　在境外经营的批准文件，包括境外投资批文、外汇管理部门的批文等；

4.10.2　在境外设立的机构的登记注册文件、章程；

4.10.3　境外经营业务的详细书面情况介绍；

4.11　公司已完工、在建或拟建的生产建设项目，提供政府有关主管部门对项目立项申请、可行性研究报告、环境影响评估报告的批复、建设用地规划许可证、建设工程规划许可证、土地使用权证、施工许可证、竣工验收报告、环保验收及其他须报政府机关批准或备案文件的批复和备案证明文件。

5. 财务状况及重大债权债务（包括公司及其全资、控股子公司的情况）

5.1　最近三年资产负债表；

5.2　最近三年的年度审计报告及财务报表（包括资产负债表、损益表、利润分配和亏损弥补方案等），近三年无审计报告，属于国税，核定征收，无清算报告；

5.3　独立会计师关于公司财务管理制度、会计制度、外汇支出及其他有关重大财务问题的信函，以及公司相应的回复（如有）；

5.4　公司目前正在履行的全部借款合同（包括与银行/金融机构之间的借款以及与其他各机构或个人之间的借款）以及对应的担保合同，并请提供该等借款和担保合同/协议的文本；

5.5　涉及上述第5.4项所列借款的借款协议、转贷协议、信用额度协议或相关非正式协议、文件；

5.6　涉及上述第5.4项所列借款的涉及的政府批准文件，如有借用外债的情况，请提供相应的外债登记文件；

5.7　任何其他重大融资安排（包括但不限于项目融资、分期购买、融资租赁）；

5.8　请就公司以公司信誉和/或资产提供担保（包括但不限于保证担保、抵押担保和质押担保等）情况填写法律两年一期审计清单附表9，并提供相应的担保合同、主债务合同、担保登记文件；

5.9　对外担保审批文件、《对外担保登记书》《对外担保反馈表》及《外汇（转）贷款登记证》（如有）；

5.10　任何有关国家、省级或地方政府向公司提供的补助及/或补贴的协议、批准或其他安排的相关批复和文件。

6. 重大合同（包括公司及其全资、控股子公司）

6.1　请提供公司近三年排行前十名的业务交易对象单位清单及交易情况说明；

6.2　请提供业务合同样本、范本或标准文本；

6.3　请列明下述尚未履行完毕或虽已履行完毕但存在争议的、所涉金额单项或同一客户数项交易累积达人民币500万元以上合同/协议的相关情况，并提供以下合同/协议：

6.3.1　原材料供应协议；

6.3.2　产品生产协议；

6.3.3　产品销售合同、采购合同、产品分销和/或经销合同，以及限制交易的协议；

6.3.4　运输合同；

6.3.5　现行有效的与水、电、气、热等公共设施管理部门签订的公共设施服务协议（如有）；

6.3.6　重大建设/建筑合同（如有）；

6.3.7　现行有效的保险合同、保单、付款凭证和一切保险索赔清单以及有关保险撤销或拒延的信函往来；

6.3.8　收购、合并或出售公司权益、业务或资产的合同或协议（如有）；

6.3.9　战略合作协议（投资协议、收购协议、合作协议或联营协议）；

6.3.10　承包、管理、顾问协议（如有）；

6.3.11　有关进出口业务的文件，进口代理商的名称及与该等代理商签订的有关合同（如有）；

6.3.12　保密协议；

6.3.13　保险合同、保单、付款凭证；

6.3.14　技术转让、技术合作、技术研究和开发、技术服务等合同或协议（如有）；

6.3.15　现行有效的技术许可或技术进出口合同及登记/备案文件（如有）；

6.3.16　知识产权（如著作权、商标、专利、域名、非专利专有技术）实施、许可、使用、转让或其他相关协议（如有）；

6.3.17　其他对公司有重大影响的合同、协议或其他书面文件及公司认为应向本所提供的其他文件；

6.3.18　除上述协议之外的其他公司认为会对公司产生重大影响的协议。

7. 劳动人事（包括公司及其全资子公司、控股公司的情况）

7.1　最近一次统计的员工总数，并请按照下列分类列明：①正式工；②临时工（简要说明临时工的分类标准）；③其他员工（请具体描述该类员工情况）；

7.2　工会或职工代表与公司签订的集体合同及劳动行政部门出具的审查意见（如有）；

7.3　现行有效的劳动合同（如有多种版本的，各版本提供一份已签字有效的合同格式样本）；

7.4　职工福利、奖励及其他内部管理规章制度及员工手册；

7.5　社会保险登记证；

7.6　说明公司依法为全体员工投保养老保险、医疗保险、失业保险、工伤险、住房公积金的情况，并请说明是否存在欠缴保费情况；

7.7　请说明是否为员工办理其他保险，如有，请说明保险种类，提供保单和保险费支付凭证；

7.8　公司作为被告的劳动仲裁（劳动诉讼）的情况说明，并提供相关仲裁裁决（法院判决），如尚未判决的，请提供有关的仲裁申请书（起诉状）和答辩状等相关文件；

7.9　公司适用于现有员工的保密协议和竞业禁止协议（或称非竞争协议，即规定签订该协议的员工在任职期间以及离职后的一定年限内，均不得在与企业业务形成竞争的其他单位任职）、个人服务协议和顾问协议（如有）；

7.10　公司现有全体董事、总经理、副总经理、财务负责人、董事会秘书、总工程师及对公司的业务有重大影响的管理人员或顾问等的人员名单及其简历，包括：国籍、年龄、教育程度、职务、何时加入公司、任期、行业经验、兼职情况；公司与该等人员签署的聘用合同；董事/监事的报酬及各类补贴数额以及高级管理人员的工资、薪金、补贴数额、精神或物质奖励及/或股票期权激励计划；近三年刑事或行政纪律处罚情况（如有）的说明或记录及证明文件；

7.11　一切以公司的任何董事、监事、高级管理人员为受益人的贷款协议、担保协议和其他协议（不包括聘用协议）；

7.12　记录公司的董事、监事、高级管理人员与公司之间存在的任何应收或应付账款的一切文件；

7.13　公司过去已经发生、正在进行或有明显迹象表明将可能发生的罢工、停工、集体抗议或其他形式的集体劳动纠纷的书面说明；

7.14　公司工会情况的书面说明（如有），并请提供工会的社团法人登记证、工会章程或其他能够说明工会职能和权限的文件；

7.15　请确认是否存在欠缴工会经费的情况，如有，请说明欠缴金额和原因。

8. 税务（包括公司及其附属公司的情况）

8.1　国税登记证和地税登记证；

8.2　目前公司适用/执行的主要税种和税率；

8.3　请说明公司是否享有税收优惠，如有，请提供批准文件及优惠依据（包括相关法规、政策等）；

8.4　最近三年的纳税申报表及完税凭证的复印件；

8.5　公司所在地税收征管部门（国税局、地税局）出具的公司自成立以来依法纳税（所得税、增值税、流转税等税种）的证明文件；

8.6　请说明公司自设立以来是否受到过税务（包括关税）处罚。如有，请提供有关文件（如行政处罚决定书、补缴税款及罚金凭证）；

8.7　请确认是否存在逾期未缴的税款，如有，请说明欠缴原因、税种、数额及处理方式。

9. 环境保护（包括公司及其附属公司的情况）

9.1　请提供公司持有的下列所有文件（如有）：

9.1.1　排污许可证；

9.1.2　取水许可证；

9.1.3　环境保护设施合格证；

9.1.4　排污标准合格证；

9.1.5　环境监测报告；

9.1.6　排污费缴纳凭证；

9.1.7　大气污染、噪声污染、工业固体废体申报登记文件；

9.1.8　由环保部门出具的关于废物或危险物质外溢或释放的报告和通知；

9.2　适用的环保地方规章以及具体须执行的环保标准；

9.3　自行处理污染物，包括但不限于收集、贮存、运输、处理的全部政府授权、执照、批准许可；

9.4　所有项目的防治污染设施、设备的竣工验收合格证明及其设计和被批准使用年限的文件；

9.5　历年来接受环保部门或其他环保监督管理部门监督检查的

所有环保证明和相关文件；

9.6　历年来缴纳排污及其他一切与环境保护相关费用的证明或者凭证；

9.7　对外签署的涉及环保的所有合同、意向书、承诺书与文件，包括但不限于受让、转让、出租或出借排污设施之合同及意向书，与他人签订的环保谅解协议、备忘录；

9.8　请确认最近三年是否有因违反环保法律、法规或涉及环保问题而已经发生、正在发生或有明显迹象表明将可能发生诉讼、仲裁、行政调查或罚款。如有，请提供有关文件（如行政处罚通知书、判决书、裁决书）。

10. 安全生产（包括公司及其附属公司的情况）

10.1　请说明公司自设立起是否发生过任何工业事故、意外，如有，请详细描述该事故、意外的发生过程、伤亡人数、赔偿金额及有关诉讼或行政程序；

10.2　请说明公司自设立起因安全生产问题所受到的政府主管部门的处罚情况；

10.3　请描述公司工业生产安全的保障措施、标准和监管守则；

10.4　与公司业务相关的安全生产有关的法律、法规、政策、条例和行政规定；

10.5　请列出公司参加的所有保单或自身保险安排，包括但不限于财产、设备、事故责任、自然灾害、第三者责任、业务中断保险、高级职员和董事责任保险、关键人员人身保险的责任，请说明投保险种、保险期限、保险范围等，并请提供相应保险合同和保险清单；如有理赔，请说明并提供相关理赔文件。

11. 产品质量（包括公司及其附属公司的情况）

11.1　公司所获得的产品/服务质量认证证明及证书（如有）；

11.2　请说明公司生产经营所遵循的强制性或自愿性的产品/服务质量标准或其他与公司生产经营有关的标准（包括国际、国内和行业标准等），并列出该等标准的清单；

11.3　请确认公司最近三年是否因违反产品质量和技术监督标准受过技术监督部门的行政处罚，如有，请提供有关文件。

12. 诉讼、仲裁和行政处罚程序（包括公司及其全资、控股子公司的情况）

12.1　请列出并说明公司成立以来所有与公司或其产品和服务以及公司经营有关的，标的在20万元人民币以上、正在进行的、已经结案的或潜在的诉讼、仲裁和其他司法程序，及其他未结争议；以及有关公司董事、监事或高级管理人员涉及之任何诉讼（含民事和刑事）、仲裁、纠纷、调查及行政处置（包括任何与政府机构有关的诉讼、仲裁、纠纷、调查及行政处分）；

12.2　请提供公司作为一方当事人的法院和仲裁机关的判决、裁决、裁定、调解协议及其他类似协议，以及（如有）对公司判处的罚款；

12.3　持有公司5%以上（含5%）的主要股东（追溯至实际控制人）是否存在尚未了结的或可预见的重大诉讼、仲裁及行政处罚案件，如有，请分别列明，并请提供其相关文件；

12.4　请说明由任何政府或当地机关展开的，并影响任何公司或其代理人、高级管理人员或雇员的调查或争议；

12.5　请提供有关公司涉及的未决诉讼、仲裁和其他程序进展情况的说明；

12.6　公司违反或被控违反卫生、防火、建筑、规划、环保、安全等方面法律法规的通知或诉讼；

12.7　公司是否受到劳动、环保、税务、工商、质量、海关等部门的行政处罚，如有，请填写法律两年一期审计附表13，并相应提供处罚通知书、罚款单及缴纳罚金证明或纠正违法违规行为的说明等相关文件；

12.8　公司自成立以来发生的对公司财务状况产生重大影响的诉讼或行政处罚文件；

12.9　相关律师就现行或可能的诉讼、仲裁、行政纠纷或调查提供的法律意见和备忘录。

二、财务、税务、内部控制及信息技术两年一期审计清单

财务、税务、内部控制及信息系统两年一期审计涵盖三个年度（合称“审计期间”）的单独及合并财务报表和其他相关资料。以下所列为进行财务、税务、内部控制及信息系统两年一期审计所需资料。

1. 背景资料

1.1　目标公司的成立

（1）目标公司最新营业执照或注册证明；

（2）目标公司章程；

（3）资产评估报告；

（4）验资报告。

1.2　目标公司发展历史与组织架构

（1）各公司简介；

（2）详细集团股权架构图及各公司组织架构图；

（3）目标公司关联企业之名单及其与目标公司之关系；

（4）详述目标公司从成立至今之任何重大事项（例如，增资、改变经营范围、转换股东）；

（5）目标公司之发展历史。

1.3　董事会和经营管理

（1）审计期间的董事会/会议记录和决议；

（2）董事会成员及管理要员（包括总经理/厂长及副总经理/副厂长），有关其背景之简介，其职位、职责范围及其持有之学历、年龄、工作经历、薪金、福利、津贴、退休福利及雇用合同等；

（3）生产计划书、财务计划书。

1.4　劳动管理

（1）各部门员工数及财务部的详细架构；

（2）管理人员及关键其他人员的雇佣合同；

（3）所有保险合同复印本；

（4）劳动保险福利制度文件，保险单及保险费计算标准（包括退休养老保险、待业保险、工伤保险等）及审计期间重大保险补偿纪录。

1.5　供货商

（1）以每种主要原材料分类，列出所有主要供货商，该些供货商给予各公司的付款期限及各公司之付款形式；

（2）列出以上主要供货商于审计期间的购货金额；

（3）提供审计期间与主要供应商签订之购货/服务合同副本。

1.6　顾客本地、外省，合同整理台账

（1）列出目标公司所有主要顾客及其特性，如地区分布，付款形式及信用期限；

（2）列出于审计期间的销货给主要顾客的数量、金额及占总销售额的比例；

（3）提供审计期间与主要客户最近签订之销售合同；

（4）供电价格及其计算方法。

1.7　生产及产品

（1）工艺流程图，并附以生产过程之简介；

（2）技术转让协议；

（3）目标公司在审计期间的每年及每月的生产能力及实际生产量；

（4）产品介绍。

1.8　土地使用权及房产

（1）土地使用权证；

（2）土地使用权出让/租用合同及出让金支付收据；

（3）房产证；

（4）房屋（厂房）租赁协议；

（5）土地及房产抵押之政府抵押登记文件。

1.9　其他重要合同/协议

（1）顾问协议、许可证协议等；

（2）其他重要合同（投资、购置资产、工程项目等）。

2. 财务资料

2.1　一般资料

（1）审计期间的各类总账、分类账，科目余额试算平衡表；

（2）审计期间之每年财务报表；

（3）审计期间之审计报告；

（4）由会计师所发出之评估报告；

（5）主要会计政策详情。

2.2 损益表（合并及单独）

以下所有要求的损益类项目的资料的有关期间是指审计期间。

2.2.1 会计报表

（1）损益表；

（2）生产成本表；

（3）管理费用、销售费用及财务费用明细表；

（4）投资收益明细表；

（5）有关销售人员的工资、佣金、奖金政策；

（6）其他收支明细表；

（7）营业外收支明细表。

2.2.2 收入及成本

（1）按客户及月份所编制之销售明细分析；

（2）按地区及月份所编制之销售分析；

（3）按销售毛收入与销售收入净额之调节表，列示销售原价、销售折扣、销售折让以及其他可抵扣的项目明细；

（4）销售量及生产量；

（5）生产成本明细表，列示出原材料、人工成本、制造费用以及其他重大的成本项目。

2.2.3 关联方交易

（1）销售予关联方之金额及明细；

（2）与关联方之其他交易的资料，包括交易之性质与金额。

2.2.4 其他

（1）研究及发展费用之明细；

（2）提供在职工人及退休职工之社会福利费用；

（3）有关缴交予政府之法定费用之金额及性质；

（4）由政府要求而拨入储备之金额及性质。

2.3　资产负债表（合并及单独）

请提供最近二年一期的合并及单独资产负债表及下列资产负债表项目的资料：

2.3.1　银行结存及现金

（1）银行结存及现金明细；

（2）每个银行账户之对账单及调节表。

2.3.2　应收账款

（1）按客户分类之明细及其账龄分析以及期后收款情况；

（2）坏账计提政策及程序。

2.3.3　应收票据

应收票据明细表及详细情况。

2.3.4　订金、预付款及其他应收款

（1）各类订金及预付款项之明细；

（2）其他应收款之明细分析。

2.3.5　应收关联方款项

（1）应收关联方款项明细表；

（2）列出往来账性质、还款期、抵押、利息等资料。

2.3.6　其他资产

（1）其他资产明细表；

（2）列出其他资产的性质及摊销政策。

2.3.7　长期/短期投资

（1）长期/短期投资明细；

（2）说明投资成本及可实现价值。

2.3.8　固定资产

（1）固定资产明细表；

（2）固定资产评估报告书；

（3）固定资产资本化政策；

（4）折旧方法，每类固定资产之折旧率及折旧费用；

（5）说明固定资产有否用作抵押并提供有关之文件；

（6）重大租赁资产清单及其核算政策；

（7）固定资产移动表及出售固定资产盈利/损失分析。

2.3.9　在建工程

（1）按工程项目分列的在建工程明细及审计期间分别的在建工程变动表；

（2）在建工程项目的完工百分比，预计尚需完工成本及预计完工日期等资料。

2.3.10　无形资产及土地使用权

（1）无形资产及土地使用权的明细；

（2）提供无形资产的摊销政策及价值评估报告（如有）。

2.3.11　应付账款、预提费用及其他应付款

（1）按供货商分类之应付账款账龄分析；

（2）预提费用及其他应付款之金额及性质。

2.3.12　应收票据

应收票据明细表及详细情况。

2.3.13　未交税金

（1）未交税金明细；

（2）未交税金计提方法及有关制度文件；

（3）递延税款计算表。

2.3.14　短期/长期借款

（1）银行贷款及其他借款等之明细（包括借款单位、借款金额、利率及还本息期限、尚欠本金及利息、抵押物等之明细）；

（2）所有贷款之借贷文件及合约。

2.3.15　资本

（1）注册资本及实收资本明细；

（2）资本变动情况分析。

2.3.16　资本/盈余公积

（1）资本/盈余公积变动表；

（2）说明资本/盈余公积之来源及运用。

2.3.17　未分配利润

未分配利润明细表。

2.4　资本及租赁承诺资料

（1）截至近期期末的资本承诺明细表；

（2）截至近期期末的租赁承诺明细表；

（3）审计期间的租赁协议和分期付款协议；

（4）审计期间的资产销售或购买协议。

2.5　或有负债

（1）截至近期期末的有关任何未决诉讼和仲裁的资料；

（2）截至近期期末的其他或有负债明细表及相关文件。

3. 税务

3.1　一般性资料

（1）地税及国税局税务登记证；

（2）主管税务机关年度税务审查报告（如有）；

（3）主管税务机关关于税务优惠政策的批复或非正式认可（如有）。

3.2 企业所得税

（1）连续三个年度的企业所得税汇算清缴查账报告、申报表及完税证；

（2）如果任何年度应纳税所得（或税务亏损）有异于会计利润（或会计亏损），请提供税务调整明细表，并对有关税务调整项目的原因、依据、金额等逐一说明；

（3）税务局发出有关税务减免优惠的正式批文（如适用）；

（4）如该公司于某（些）年度内没有利润或享有免税优惠，已呈交的“零税负”（如适用）；

（5）企业年度亏损弥补情况表（如适用）；

（6）如果企业收取任何补贴收入，请提供相关文件；

（7）应交税金明细。

3.3 营业税（如适用）

（1）缴纳营业税的服务合约；

（2）营业税申报表；

（3）营业税完税证。

3.4 增值税

（1）一般纳税人资格证书；

（2）缴纳增值税的销售合约样本；

（3）增值税月申报表及完税样本（十二月份最宜）；

（4）增值税出口退税月申请表（十二月份最宜）；

（5）年度增值税明细账；

（6）外购货物用于集体福利、个人消费、非应税项目（如承接外商来料加工业务）或免税项目的进项税额（如适用）；

（7）将自产、委托加工或购买的货物无偿赠送、作为投资或分配给股东的销项税额（如适用）；

（8）材料的非正常损失明细（如有）；

（9）如果销售收入或者采购适用不同税率，请提供增值税分税率计算明细表；

（10）税务局发出有关税务减免优惠的正式批文（如国产设备采购）。

3.5　进口关税及增值税

（1）进口机器设备的清关文件；

（2）机器及设备的免缴进口关税及进口增值税的书面证明；

（3）进口原材料或货品的明细单，提供海关归类、完税价格和已付进口关税额；

（4）每年进口原料或货品的进口报关文件和关税缴纳收据；

（5）进口报关到岸价格和应付账款核对账目；

（6）实行进口执照/进口配额许可证规定的进口货品以及实行出口执照出口配额许可证规定的出口货品之明细单（如适用）；

（7）有关海关当局发出的索取文件、收取罚金或其他处分的通知以及定案处理方法。

3.6　个人所得税

（1）雇员人数；

（2）个人所得税申报表和完税证样本。

3.7　其他税项（如房产税、土地增值税、契税、土地使用税、印花税等）

（1）拥有房地产的历史成本；

（2）转让房地产的成本、费用及售价；

（3）有关申报表及完税证；

（4）由税务局发出的免税证明（如有）；

（5）土地购买合同；

（6）土地所有权证书。

3.8　与关联企业业务往来的文件

（1）与关联企业业务往来情况说明或申报；

（2）与关联企业订立的协议，包括但不限于管理服务合同、供应合同、采购合同等；

（3）由税务机关就关联机构之间的交易提出的质询，如转让定价问题等（如有）；

（4）关联企业之间转让定价的确定方法和政策。

3.9　其他税务资料

未落实的税项处理问题。

4. 企业内部控制资料

4.1　公司层面内部控制资料

4.1.1　控制环境

（1）目标公司组织结构图（目标公司结构/部门职能图示）；

（2）员工行为守则；

（3）员工手册；

（4）利益冲突的相关政策；

（5）管理层报酬制度；

（6）舞弊的识别和投诉举报制度；

（7）员工培训制度；

（8）员工持续培训流程；

（9）董事会、审核委员会和薪酬委员会章程；

（10）审计期间内董事会、审核委员会和薪酬委员会议记录；

（11）审计委员会和薪酬委员会成员简历；

（12）评价投资的流程；

（13）评价管理层与监督人员差异的政策和流程；

（14）整个集团公司的报告机制；

（15）部门职责与岗位描述说明；

（16）信息的所有权和接触信息的授权级别；

（17）逐级授权审批权限说明；

（18）人力资源政策及流程（包括雇佣、培训、晋升、离职和员工薪酬等）。

4.1.2　风险评估

（1）目标公司（新空间公司）的风险管理机制及相关政策；

（2）审计期间内目标公司（新空间公司）的风险评估报告；

（3）董事会或者审计委员会批准风险评估报告的记录；

（4）进度预算/滚动预算以及相关审批记录；

（5）与识别和应对环境变化相关的政策和流程。

4.1.3　控制活动

目标公司各主要业务的书面政策和程序（如财务报表核算及结算、管理报表编制、销售、采购、固定资产管理、存货管理、现金收付、加盟店管理等）。

4.1.4　信息与沟通

（1）目标公司自上而下以及不同部门之间沟通机制的有关政策；

（2）与外部机构对目标公司信息进行沟通的政策；

（3）信息系统关键管理制度与规范（如数据备份、权限管理、灾难恢复计划等)；

（4）信息系统操作手册。

4.1.5　监管

（1）管理层日常监管工作的书面政策；

（2）内部控制缺陷的报告制度；

（3）内审工作手册；

（4）审计期间内的内审报告；

（5）对于外包业务活动的内部控制制度；

（6）外部审计师出具的管理建议书内容。

4.2　流程层面内部控制资料

4.2.1　财务报表核算及结算

（1）会计核算手册；

（2）公司月末关账清单（包括工作分工、人员、时间等)；

（3）科目代码表（chart of account)；

（4）支出审批权限；

（5）关账及合并流程与审批权限；

（6）关联交易披露程序；

（7）审计期间内的财务报表及审批记录；

（8）审计期间内的银行、存货、关联公司往来、应付和应收账款的调节表。

4.2.2　管理报表编制（总公司）

（1）管理层汇报的政策和流程书面文档；

（2）审计期间内的管理报表及审批记录；

（3）审计期间内的预算及相关修订预算、差异分析报告、会议记录；

（4）预算管理制度；

（5）管理层和董事会汇报有关重大事项的机制和程序的书面文档。

4.2.3　销售与收入

（1）销售政策；

（2）收入确认方法；

（3）定价政策及审批流程；

（4）应收账款及坏账准备计提的相关政策；

（5）审计期间内签订的销售合同清单；

（6）审计期间内计提坏账准备的明细；

（7）审计期间内的应收账款账龄报告；

（8）审计期间内的定价审批记录。

4.2.4　固定资产管理

（1）固定资产采购、验收与管理的相关政策及程序；

（2）固定资产折旧计提、分摊的相关政策及程序；

（3）固定资产维护及处置的相关规定；

（4）审计期间内总公司、分公司固定资产盘点记录。

4.2.5　采购与费用管理

（1）供货商选择的相关政策和程序；

（2）采购申请及采购审批相关政策及程序；

（3）审计期间内采购计划和审批记录；

（4）验收及付款相关政策流程；

（5）费用及报销政策流程；

（6）审计期间内供货商清单；

（7）审计期间内的订单列表；

（8）审计期间内实际费用与费用预算的比较分析报告。

4.2.6　存货管理

（1）存货管理制度；

（2）审计期间内定期盘点记录及盘点差异表；

（3）审计期间内存货进出库记录。

5. 信息技术资料

（1）信息技术战略政策；

（2）信息技术部门的组织结构（目标公司结构/部门职能图示）；

（3）信息技术的构造，包括内部的应用系统清单；

（4）公司 IT 安全政策；

（5）对安全漏洞的核查记录/跟踪；

（6）反 IT 病毒政策；

（7）主要金融数据的备份政策；

（8）灾难恢复计划（DRP）及商业持续性计划（BCP）；

（9）主要系统操作政策；

（10）第三方服务的信息技术的清单。

附录三　财务尽职调查主要关注事项

（主体公司、分支机构、子公司和其他关联公司分别提供）

一、主体情况

企业主体的基本情况主要包括：

1. 企业法人营业执照、税务登记证、代码证、贷款卡或证、社保证和开户证反映的情况；

2. 企业工商机读资料和企业自成立以来的工商登记资料（去工商局打印登记资料）反映的情况；

3. 近三年的公司被有关机关处罚或奖励的项目与文件；

4. 企业商标、专利、专有技术等；

5. 高管清单；

6. 主要管理制度；

7. 关联单位或个人名单（如股东、股东开设公司、股东直属亲戚及其开户的公司等）。

二、经营情况

1. 企业的盈利模式，拥有什么资源，通过什么方式或手段，生产什么产品或服务，获得收入，取得利润；

2. 主要产品清单及简介；

3. 生产产品的主要生产材料清单及简介；

4. 生产过程及简单工艺介绍；

5. 对外投资、对外合作经营合同及情况；

6. 关联交易单位及交易明细资料；

7. 2014 年和 2015 年的客户合同台账与对税账的差异；

8. 2014 年和 2015 年的供应商合同台账与对税账的差异；

9. 2014 年和 2015 年的产品毛利明细表，关注是否正常，有无异常波动；

10. 2014 年和 2015 年的真实的进销存明细账（系统及其完整资料）与对税账的差异；

11. 2014 年和 2015 年的管理费用、经营费用明细表，关注是否正常，有无异常波动；

12. 2014 年和 2015 年的财务费用——借款利息支出明细表，关注借款来源及是否正常，有无异常波动；

13. 关注 2014 年和 2015 年的企业增值税等流转税、企业所得税等是否正常缴纳；

14. 关注企业 2014 年和 2015 年的坏账准备等资产减值损失是否计提及对损益、递延所得税资产或负债对所得税费用的影响；

15. 关注 2014 年和 2015 年有无重大非经常性损益；

16. 关注 2014 年和 2015 年的利润分配情况。

三、资产情况

1. 应收票据、证券资产、实物资产、无形资产清单；

2. 实物资产、无形资产等权属证书，如产权证书、权属合同、专利证书、商标权证等；

3. 资产抵押担保的情况，如合同、抵押权证书；

4. 应收款项的账龄与坏账情况（长期挂账收不回）清单；

5. 闲置资产清单；

6. 除坏账外的其他不良资产清单；

7. 关联应收单位及交易明细资料；

8. 股权投资的情况，如投资合同、投资收益情况及相关证明文件（审计报告、评估报告等）；

9. 在建工程项目明细、工程进度及项目可行性报告等；

10. 投资性房地产，如收取租金为主的房地产；

11. 或有资产及相关证明资料。

四、负债情况

1. 银行借款合同、银行借款计算清单；

2. 应付票据清单；

3. 应付款项的账龄与收入挂账情况清单（长期挂账未付：如预收、应付和其他应付中的长期挂账未付的款项）；

4. 员工花名册、社保缴交明细表，是否有未缴纳社保的情况；

5. 关联应付单位及交易明细资料；

6. 近三年科技项目立项书及收款明细表；

7. 法律诉讼等或有负债清单及相关资料，如判决书、起诉书等。

五、股东权益情况

1. 股东身份证、企业法人营业执照等股东基本资料；

2. 股份代持清单及说明；

3. 代垫出资（是否出资不实的情况）的情况及说明；

4. 股东借款的情况或视同股东借款的情况，关注是否正常，是否为抽逃，出资人不实；

5. 资本公积形成的项目及相关文件；

6. 留存收益是否正常计提；

7. 利润分配是否按公司章程规定分配等。

六、其他需要重点关注的情况

年　　　月　　　日

>>>后记

新三板挂牌失败的主要财务原因

中小企业到新三板挂牌的前期工作，70%的工作量都集中在财务规范上，挂牌不成功70%是财务问题，不少企业“卡壳”在财务规范的问题上。

第一，财税基础工作方面的问题，其主要表现是：业务不规范导致从采购到销售整个环节的业务循环失真；取得增值税发票的对应性；生产成本的归集和分配环节不规范；收入确认规则混乱；资产管理严重滞后，直接导致资产负债表的不真实和业务资源不完整。

第二，内部控制制度不健全，执行不到位。企业内部控制既是主办券商尽职调查和审核时关注的重点，也是财务基础工作规范的核心。企业未按首次执行企业会计准则和制度要求进行内控制度的建立与完善工作，在日常生产经营过程中应根据本企业或行业的特点在准则规定的范围内有效地设计和规范研究开发、材料采购、设备采购或购置、生产管理、外协加工、销售管理的业务流程、物流、资金流、信息流之间的运行控制。

第三，纳税筹划方案安排不妥当。大多数中小企业，在发展过程中由于各方面的原因，完全体现出利润的企业并不多见。一般企业都有两套账：内账和外账。内账是记录企业真实情况的账务；外账则是应对税务的账务。挂牌前，企业如果把真实的利润释放出来，必须面对补税的成本和政策性风险。比如，销售收入确认环节、股改过程中未分配利润量化转为股本的环节、房地产变更过户、固定资产重新入账等环节，都涉及税务问题，需要系统地筹划、周密地安排和计算成本的大小，以确保既满足审计要求又满足税务的合法性和合规性要求，这是一个很重要的隐性的“拦路虎”。所以，对想进入新三板的企业，必须对挂牌前的税收，结合盈利规划，提前进行筹划。此外，对税收不够重视，未依法纳税，特别是一些小税种，如印花税、个人所得税，均存在不规范计税的情况。

由于以上问题的客观存在，企业在改制、挂牌的过程中，完全依靠内部的财务力量是不可能完全胜任的。这时，需要引入外部的财务顾问，帮助企业梳理账务，解决企业中存在的疑难问题，全面提升企业的内部管理水平，专业为企业进行财务梳理、诊断、内控等，为企业进行生命线设计，以助力企业顺利挂牌！